Angela Toussaint

Der Münchner Hauptbahnhof

Stationen seiner Geschichte

Angela Toussaint

Der Münchner Hauptbahnhof

Stationen seiner Geschichte

Verlagsanstalt »Bayerland« Dachau

Abbildungen auf dem Buchumschlag:
vorne: *Der Bürkleinsche Centralbahnhof*
(Münchener Stadtmuseum)
hinten:
links oben – *Die Eröffnung der ersten Teilstrecke München–Lochhausen, 1839*
(Münchener Stadtmuseum)
links unten – *Die Gleishalle um 1884*
(Sammlung Jean Louis, München)
rechts – *Blick von der Hackerbrücke, 1991*
(Krauss-Maffei AG, München)

Vorsatz: *Auf froher Fahrt begriffen, 1840* – Ausschnitt
(Münchener Stadtmuseum)

Verlag:
Druckerei und Verlagsanstalt »Bayerland«
Anton Steigenberger,
8060 Dachau, Konrad-Adenauer-Straße 19

Gesamtherstellung:
Druckerei und Verlagsanstalt »Bayerland«
8060 Dachau, Konrad-Adenauer-Straße 19

Printed in Germany · ISBN 3-89251-118-7

Inhaltsverzeichnis

Geleitwort

Der 1. September 1839 war ein denkwürdiger Tag in der Geschichte Münchens: Bestaunt von einer schaulustigen Menschenmenge, wurde die erste Teilstrecke der München–Augsburger Eisenbahnlinie bis in das »2½ Gehstunden« entfernte Lochhausen feierlich eröffnet. Damit hatte auch das allererste »Stationsgebäude« der Königlich Bayerischen Haupt- und Residenzstadt – Vorläufer des heutigen Hauptbahnhofs – offiziell seinen Betrieb aufgenommen.
So konnte die bayerische Landeshauptstadt 1989 auf 150 Jahre Bahnhofsgeschichte zurückblicken. Dieser Anlaß sollte nicht ungenutzt bleiben: Die Industrie- und Handelskammer für München und Oberbayern entschloß sich, in enger Zusammenarbeit mit der Bundesbahndirektion München, dieses Jubiläums mit einer Ausstellung zu gedenken. Die Gesamtverantwortung lag dabei in den Händen von Dr. Angela Toussaint, der Leiterin des IHK-Wirtschaftsarchivs.
Weit gespannt war der »historische Bilderbogen« dieser Präsentation: In rund 200 Fotos, Zeichnungen, Plänen und Dokumenten wurde der Weg nachgezeichnet vom ersten Holzprovisorium des Jahres 1839 bis zu den großangelegten Umbaumaßnahmen der 1980er Jahre.
Diese Ausstellung fand überaus große Resonanz und war auch im Deutschen Museum zu Gast. Angeregt durch wiederholten Besucherwunsch, reifte der Entschluß heran, das in einer Vielzahl von Archiven und Bibliotheken ermittelte Material auch zum Gegenstand eines Bildbandes zu machen.
So ging Dr. Angela Toussaint erneut an die Arbeit, um die Vergänglichkeit einer Ausstellung umzumünzen in die Dauerhaftigkeit eines Buches. Mit Sachkenntnis, Geschick und Einfühlungsvermögen läßt die Autorin in der vorliegenden Veröffentlichung mehr als eineinhalb Jahrhunderte Münchner Bahnhofsgeschichte lebendig werden, in der sich zugleich ein Stück Stadt- und Wirtschafts-, Technik- und Sozialgeschichte widerspiegelt.
Im Herzen Münchens ist er gelegen, dieser Bahnhof, und verbindet so den innerstädtischen Nahverkehr mit dem Fernverkehr auf den nationalen und internationalen Magistralen. München ist das Tor nach Süd- und Südosteuropa. EuroCity, Nacht- und Autoreisezüge bringen die Reisenden von hier aus in die Metropolen und schönsten Urlaubsgebiete dieser Länder.
Mit der Aufnahme des Intercity-Expreß-Verkehrs von München nach Hamburg am 2. Juni 1991 wurde der Münchner Hauptbahnhof zum südlichen Eckpfeiler des zukunftweisenden Hochgeschwindigkeitsverkehrs auf den deutschen Schienenstrecken.
»Doppelt so schnell wie das Auto, halb so schnell wie das Flugzeug« – dieser Traum beginnt sich zu verwirklichen.
Zur Eröffnung des Großflughafens München II im Mai 1992 wird eine neue Flughafen-S-Bahn beide Verkehrssysteme miteinander verbinden.
Die einst als »Kathedralen des Fortschritts« bezeichneten Bahnhöfe sind heute Kommunikationszentren nicht nur des Willkommens und des Abschieds, sondern auch Stätten der Begegnung und Unterhaltung, des Services und der Versorgung rund um die Reise.
Wenn auch die entsprechende Neugestaltung des Südtraktes den funktionalen Impressionen des umgebauten Nordtraktes noch nicht folgen konnte, so ist es jedoch erklärtes Ziel, dies nachfragegerecht in den kommenden Jahren Wirklichkeit werden zu lassen.
Auch der Münchner Hauptbahnhof soll wieder zu einer begehrten Visitenkarte der Deutschen Bundesbahn und der Stadt werden, in dem die verkehrlichen Systeme zum Vorteil der Kunden vorbildlich miteinander verknüpft und damit bestmöglich für eine vernetzte Arbeitsteilung der Verkehrsträger gerüstet sind.
Die Renaissance der Schiene hat begonnen. Die Bahn stellt sich dieser Herausforderung mit Engagement und Zuversicht.

Professor Peter Lisson
Präsident der
Bundesbahndirektion München

Professor Dr. Wilhelm Wimmer
Hauptgeschäftsführer
der Industrie- und Handelskammer
für München und Oberbayern

Vorwort

Betrachtet man die Anfänge der Münchner Bahnhofsgeschichte, so fallen diese in eine Epoche, die durch das Zusammenwachsen eines großen deutschen Binnenmarkts nach der Zollvereinsgründung 1834 geprägt war. Die Eisenbahn hatte an diesem Entwicklungsprozeß herausragenden Anteil.
Heute stehen uns – mit der Erweiterung des nationalen zum europäischen Markt – ähnliche Veränderungen bevor, und wieder wird der Bahn, wenngleich sie ihre einstmals dominierende Rolle längst mit anderen Verkehrsträgern teilen muß, dabei große Bedeutung zukommen.
Ein erster Meilenstein auf diesem Weg in die Zukunft ist die am 2. Juni 1991 erfolgte Aufnahme des fahrplanmäßigen ICE-Betriebs zwischen Isar und Elbe. Der Münchner Hauptbahnhof hat damit – als südöstlicher Eckpfeiler im Hochgeschwindigkeitssystem der Deutschen Bundesbahn – eine neue wichtige Funktion übernommen.
Dieser Wendepunkt seiner Geschichte lädt ein, einmal innezuhalten und zurückzublicken auf die Vergangenheit – auf mehr als 150 wechselvolle Jahre, in denen der Hauptbahnhof zu einem der zentralen europäischen Verkehrsknotenpunkte herangewachsen ist.
Ein solcher Rückblick bietet sich aber auch aus anderen Gründen an: Fast 40 Jahre sind vergangen, seit Wolfgang Süß erstmals die Geschichte des Hauptbahnhofs zusammenfassend dargestellt hat. Längst ist seine grundlegende Arbeit, die mir unverzichtbarer Wegbegleiter war, vergriffen und zur antiquarischen Rarität geworden.
Auch haben sich seit dem Erscheinen dieser Veröffentlichung viele und gravierende Veränderungen vollzogen, die eine Fortschreibung der Bahnhofsgeschichte unerläßlich erscheinen ließen.
Nicht zuletzt sind inzwischen aber auch wegweisende, im Literaturverzeichnis nachgewiesene Publikationen erschienen – so etwa die Arbeiten von Toni Liebl, Beatrice Sendner-Rieger, Ulrich Krings, Hans-Peter Rasp und Anton Joachimsthaler –, deren Forschungsergebnisse Berücksichtigung verlangten.
Bescheiden waren die Anfänge, mit denen Münchens Bahnhofsgeschichte 1839 begann:
»Am Galgenberg beim Marsfeld draus
Steht a großes Bretterhaus.
I hab die Hütten a net kennt.
Die Leut', die haben's Bahnhof
g'nennt.«
So beschrieb ein bayerischer Grenzaufseher um 1840 das allererste Stationsgebäude der Kgl. Bayerischen Haupt- und Residenzstadt, das – 1839 in Betrieb genommen – am Ostersonntag 1847 einem Brand zum Opfer fiel.
Der in den Folgejahren errichtete »festgefügte« Neubau Friedrich Bürkleins rückte näher an die Stadt heran – auf das Areal der Schießstätte vor dem Karlstor und damit an jenen Standort, dem Münchens zentraler Bahnhof trotz später zu wiederholten Malen laut gewordener Verlagerungspläne bis heute treu geblieben ist.
Diese durch nahezu eineinhalb Jahrhunderte bewahrte örtliche Kontinuität brachte aber auch schwerwiegende Probleme mit sich – mußte man doch Schritt halten mit den »Zug-Zwängen«, die die Intensivierung des Eisenbahnverkehrs mit sich brachte. So sollten bauliche Anpassung, Umgestaltung und Erweiterung zur permanenten Aufgabe werden. Daß man dabei stets im Spannungsfeld zwischen den technisch-funktionalen Erfordernissen einerseits und den ökonomischen sowie räumlichen Möglichkeiten andererseits stand – auch dies hat Tradition.
Friedrich Bürkleins 1849 vollendeter Centralbahnhof mit der mächtigen hölzernen Einsteighalle hatte Münchens einstmals führende Rolle im Bahnhofsbau begründet. Sie wurde verfestigt durch die großangelegten Baumaßnahmen der Jahre 1876 bis 1884, die nahezu einem Neubau gleichkamen. Mit dem an die beibehaltenen Frontbauten angegliederten neuen Betriebshauptgebäude »in kräftigem, zeitgemäßem Renaissance-Stil« und der gewaltigen vierschiffigen Gleishalle – nunmehr in Eisen-Glas-Konstruktion – galt der Centralbahnhof der bayerischen Metropole dem ausgehenden 19. Jahrhundert als Inbegriff des modernen deutschen Großstadtbahnhofs.
Als man in den 1980er Jahren – nach vielen weiteren Stationen – wieder einmal ans Bauen ging, standen die Chancen nicht schlecht, an diese Tradition abermals anzuknüpfen. Ein kundenfreundlicher innerer Neubau in Glas und

Metall sollte Licht und Weite, Transparenz und Vielfalt in den nach den Zerstörungen des Zweiten Weltkriegs wiedererrichteten Baukomplex bringen. Die Gesamtkonzeption der Architekten zielte dabei ab auf die Schaffung eines Prototyps für den »Bahnhof von morgen« – dem »Aufbruch ins ICE-Zeitalter« angemessen.
Doch ist man auf halbem Wege stehen geblieben. So bleibt zu hoffen, daß in der langen Reihe von Umbauten bald eine neue Etappe folgen wird. Der Hauptbahnhof hätte sie dringend nötig – als Drehscheibe im internationalen Reiseverkehr, als Bindeglied zwischen Fern-, Nah- und innerstädtischem Verkehr, als größter Verkehrsknotenpunkt Münchens, der im Tagesdurchschnitt 750 Zugfahrten und ebenso viele S-Bahn-Fahrten, 4 000 Rangier- und 600 Lokzuführungsfahrten zu verzeichnen hat. Einschließlich seiner unterirdischen S-Bahn-Haltepunkte wird er täglich von rund 300 000 Menschen frequentiert und damit ungleich mehr als jedes andere Gebäude der Stadt.
Die Bahnhöfe der Anfangszeit waren im wesentlichen beschränkt auf ihre »transitorische Funktion«, um Klaus-Jürgen Sembach zu zitieren: Man betrat sie – ein fernes Ziel, die fremde Stadt oder das nahe Zuhause vor Augen – auf der einen Seite, um sie auf der anderen so rasch wie möglich zu verlassen. »Durchgang und Zeitlichkeit« bestimmen auch heute entscheidend das Bahnhofsgeschehen, doch hat sich diese ursprüngliche Bestimmung ausgeweitet.
Der Großstadtbahnhof von heute präsentiert sich als vielschichtiger Organismus: Er ist nicht mehr nur »Ort der Vermittlung zwischen dem reisenden Publicum und der Eisenbahn«. Er ist durch seine zentrale Lage – ganz anders als die Flughäfen weit draußen – Brennpunkt des städtischen Lebens; er ist Ort der Begegnung und Kommunikation; er ist Arbeitsplatz für Tausende von Menschen; er ist mit seinen Ladengeschäften, Banken und Reisebüros gleichsam »Stadt in der Stadt«; er ist mit seinen kirchlichen Bahnhofsmissionen – weit über die reisebedingten Probleme hinaus – Anlaufstelle in Krisensituationen und, nicht zuletzt, begehrtes Nachtlager für den jugendlichen Weltenbummler.
Das alles gilt auch für den Münchner Hauptbahnhof, dessen Geschichte im Wandel der Zeit dieses Buch gewidmet ist.

Bei meiner Arbeit hatte ich vor allem vier Ziele vor Augen:
- Ich wollte das vielschichtige Geflecht baulicher, betrieblicher sowie verkehrlicher Entwicklung aus mehr als eineinhalb Jahrhunderten entwirren, auf das Wesentliche konzentrieren und damit transparent machen, um einen möglichst großen Leserkreis anzusprechen.
- Ich wollte zum anderen durch eine Vielzahl teils bislang unveröffentlichter Abbildungen die Historie des Hauptbahnhofs auch – im eigentlichen Wortsinn – »anschaulich« präsentieren.
- Ich wollte ferner mich nicht auf die reine Baugeschichte beschränken, sondern diese einbinden in die übergeordnete Entwicklung von Stadt und Verkehr, Wirtschaft und Technik.
- Ich wollte schließlich an die Ereignisse der Vergangenheit nicht mit den Maßstäben der Gegenwart herangehen, sondern diese aus ihrer jeweils eigenen Zeit heraus verständlich machen.

Ich hoffe, daß mir dies mit der vorliegenden Veröffentlichung gelungen ist, bei deren Zustandekommen ich von so vielen Seiten großzügige und engagierte Unterstützung erfahren habe.
Mein Dank gilt vor allem Professor Dr. Wilhelm Wimmer, dem Hauptgeschäftsführer der Industrie- und Handelskammer für München und Oberbayern, der – in engem Zusammenwirken mit dem vormaligen IHK-Präsidenten Professor Dr. Rolf Rodenstock und dessen Amtsnachfolger Dr.-Ing. Dieter Soltmann – der historischen Arbeit in der Kammer neue Möglichkeiten eröffnet hat. Die 1986 erfolgte Gründung des ersten regionalen Wirtschaftsarchivs in Bayern zählt dazu ebenso wie die gezielte Berücksichtigung wirtschafts-, stadt- und technikgeschichtlicher Themen in der Ausstellungskonzeption der IHK. Diese Initiative hat es 1989 ermöglicht, der damals 150jährigen Geschichte des Münchner Hauptbahnhofs mit einer Sonderschau zu gedenken. Damit waren zugleich die Weichen gestellt für diese Publikation.
Zu großem Dank bin ich aber auch dem Präsidenten der Bundesbahndirektion

München, Professor Peter Lisson, dessen Mitarbeitern Dr. Dieter Felgentreu und Günter Steinbeiß sowie dem Leiter des Münchner Hauptbahnhofs, Eduard Joseph Wutzer, verbunden, die das Entstehen dieser Arbeit von Anfang an mit Engagement, fachlichem Rat und unbürokratischer Hilfestellung begleitet haben.
Sehr herzlich danken möchte ich an dieser Stelle schließlich Dr. Eva Moser, die trotz starker beruflicher Beanspruchung nicht nur die Reinschrift des Manuskripts mit größter Sorgfalt besorgt hat, sondern mir auch bei Quellenrecherchen mit Geschick und Sachkunde zur Seite gestanden ist.

Ich lade meine Leser nun ein, mich auf dem Rundgang durch die Geschichte des Hauptbahnhofs zu begleiten, der von der Biedermeierzeit bis an die Schwelle des neuen Jahrtausends führen wird.

Dr. Angela Toussaint, Juni 1991

»Eiserne Kunststraßen« für Bayern

Der Münchner Eisenbahnpionier Joseph Ritter von Baader

Der Eintritt des jungen Königreichs Bayern in das Zeitalter der Industrialisierung war eng verknüpft mit einem in seiner Dichte und Mannigfaltigkeit faszinierenden Aufbruch an schöpferischem Potential: Eine Vielzahl an Erfindern, Ingenieuren und Unternehmern entwickelte in der ersten Hälfte des 19. Jahrhunderts ideenreich und weitblickend neue Produktionsverfahren und Verkehrstechniken, die sich bis in unsere Gegenwart als tragfähig und ausbaubar erwiesen haben.
Herausragende Bedeutung in diesem »Take-off« der Industrialisierung kam dem Eisenbahnbau zu, als dessen frühester deutscher Vorkämpfer der Münchner Joseph von Baader gilt. Mit eiserner Beharrlichkeit kämpfte er für die »Sache der eisernen Bahnen« – überzeugt davon, daß »Bewegungskräfte und Transportmittel die ersten und unentbehrlichsten Bedürfnisse aller Industrie, die materiellen Grundpfeiler des Wohlstands aller Nationen« seien und »jede wichtige Verbesserung und Erleichterung in diesen beyden Gegenständen einer Eroberung«[1] gleichkomme.
Schon in früher Jugend zeichnete sich Joseph von Baader, der ältere Bruder des Philosophen Franz von Baader, durch »eine nicht gewöhnliche Fertigkeit im Zeichnen, Berechnen, Entwerfen und Erfinden aller Arten von Maschinen«[2] aus. Dennoch absolvierte er zunächst – dem väterlichen Vorbild folgend – das Studium der Medizin. Mehrjährige Aufenthalte in England brachten ihm lebensbestimmende Impulse. Was für den »Schöngeist« die Bildungsreise zu den Stätten des klassischen Altertums war, das war für den Ingenieur des europäischen Kontinents im ausgehenden 18. und frühen 19. Jahrhundert die Begegnung mit den technischen Neuerungen im Mutterland der Industrialisierung. Begeistert von den »Meisterwerken« englischer Eisenhütten, Manufakturen und Fabriken, mußte Baader zugleich jedoch die »demüthigende Wahrheit« erkennen,

Abb. 1: Joseph Ritter von Baader (1763–1835)
Der vielseitige Münchner Ingenieur und Erfinder sah um 1810 bereits – seiner Zeit weit voraus – in der Eisenbahn das Transport- und Verkehrssystem der Zukunft. Jahrzehnte seines Lebens hat er – konstruierend, experimentierend und publizierend – der Verwirklichung dieser Idee gewidmet.

daß Bayern »in diesen Fächern noch wenigstens um ein Jahrhundert hinter jenen Insulanern zurückgeblieben«[3] war. Als Baader 1794 nach München heimkehrte, trat er in den Staatsdienst ein und erlangte einflußreiche Positionen im bayerischen Berg- und Hütten- sowie im Wasserleitungs- und Brunnenwesen. Diese berufliche Tätigkeit bot ihm vielseitige Möglichkeiten, seine technischen Fähigkeiten kreativ einzusetzen: So entwarf er ein Zylindergebläse zur Verbesserung des Schmelzverfahrens, konstruierte hydraulische Maschinen, unter denen die Springbrunnenanlagen im Park von Schloß Nymphenburg besonderes Aufsehen erregten, baute Sole-Hebemaschinen und vieles andere mehr. Auch arbeitete er an einer Gasbeleuchtung für die Stadt München und – zusammen mit Georg von Reichenbach, seinem späteren Gegenspieler – an der Entwicklung einer Art von »Unterseeboot«, das nach Überzeugung der beiden Erfinder »in der Seetaktik Epoche machen«[4] würde.
Von etwa 1810 an wählte Baader jedoch einen anderen Gegenstand »zum vorzüglichsten Ziele seines Nachdenkens und seiner angestrengtesten Bemühungen«[5] – nämlich die Vervollkommnung der »fortschaffenden Mechanik«, die im Gegensatz zur »hebenden Mechanik« dazu diente, »Lasten in horizontaler Richtung auf der Oberfläche der Erde von einer Stelle zur anderen zu bringen«. Diesen so wichtigen »Theil der Bewegungskunst« sah Baader zu Beginn des 19. Jahrhunderts »so zu sagen noch in seiner Wiege« liegen.

NEUES SYSTEM
der
fortschaffenden Mechanik
oder
VOLLSTAENDIGE BESCHREIBUNG
neuerfundener Eisenbahnen und Wagen mit verschiedenen andern neuen Vorrichtungen, mittelst welcher der innere Transport aller Waaren und Produkte fast überall so gut und mit weit geringern Kosten und Schwierigkeiten als durch schiffbare Kanäle befördert und erleichtert werden kann.

VON
Joseph Ritter von Baader
Ritter des Civil Verdienst Ordens der baierischen Krone,
Königl. baierischen Oberst-Bergrath und Maschinen-Direktor,
der königl. baierischen Akademie der Wissenschaften zu München ordentliches Mitglied und Conservator der polytechnischen Sammlungen, der königl. medizinischen Gesellschaft und der Werner'schen Gesellschaft für Naturgeschichte zu Edinburg, der Aufmunterungs Gesellschaft zu Paris, der Nacheiferungs Gesellschaft zu Colmar, der Societät für die gesammte Mineralogie zu Jena, der Gesellschaft zur Beförderung der gesammten Naturwissenschaften zu Marburg, und des General Comité des landwirthschaftlichen Vereins in Baiern Mitglied.

mit 16 Kupfertafeln

München
1822
im Verlage des Verfassers.

Abb. 2: Titelblatt des Baaderschen Hauptwerks zum Eisenbahnwesen, 1822
Baader widmete diese Veröffentlichung Zar Alexander I. Dieser hatte bereits 1815 anläßlich eines Aufenthalts in München Baaders Ideen und Modellversuche kennengelernt. Durch Subskription auf 100 Exemplare und einen Zuschuß »von tausend Louisd'ors« förderte er das Erscheinen dieser grundlegenden Publikation.

Angesichts der tradierten, noch mit vielfachen Mängeln und Nachteilen behafteten Transportformen auf Straßen und Wasserwegen setzte er konsequent und zukunftweisend auf ein neues Medium – die »eisernen Kunststraßen«, die für jedes Land »die wohlthätigsten Wirkungen« herbeiführen würden.
Nach vieljährigen Bemühungen brachte Baader 1822 im Selbstverlag sein mit 16 Kupfertafeln illustriertes Hauptwerk »Neues System der fortschaffenden Mechanik« heraus, das seine Eisenbahnkonzeption am umfassendsten darstellt.
Im Mittelpunkt seiner technischen Überlegungen stand – neben der Reduzierung des Reibungswiderstandes – das Problem der Antriebskraft. Wenngleich ihm die frühen Versuche des Engländers Richard Trevithick auf dem Gebiet des Lokomotivbaus nicht unbekannt waren, konnte Baader »jenen plumpen und unbehilflichen, beschwerlichen und gefährlichen, wandelnden Dampf-Maschinen« nichts abgewinnen. Er verfolgte andere Wege.
Eine Vielzahl seiner Konstruktionsentwürfe galt zunächst der Verbesserung des Systems »Pferdebahn«, dessen Anwendung er in England bei Industrie und Bergbau kennengelernt hatte. Die Hauptschwierigkeit lag dabei in der Überwindung von Höhenunterschieden des Terrains. Um den bisher bei Steigungen erforderlichen Vorspann weiterer Zugtiere entbehrlich zu machen, entwickelte Baader großen Einfallsreichtum. Er ersann zahlreiche, aus heutiger Sicht teilweise recht kompliziert anmutende

Vorrichtungen: auf dem Prinzip des Flaschenzugs beruhende »Bergwinden«, modifizierte Wasserräder, »Kraft-Magazine mit verdichteter Luft« und anderes mehr. Mit diesen Neuerungen hoffte er, das herkömmliche englische System zu einem weiträumigen und – gemessen an den Kosten für die Anlage schiffbarer Kanäle – preiswerten »Communikationsmittel« auszubauen.
Er dachte aber auch an eine ganz andere Möglichkeit – nämlich »beladene Wagen auf Eisenbahnen – ohne beständig wirkende Zugkräfte – fortzuschaffen«. Als Voraussetzung dafür sah er vor, die Gleise nicht waagrecht, sondern auf schiefen Ebenen unterschiedlicher Höhe zu verlegen: Kurze, steile Abschnitte sollten mit langgezogenen, »unmerklich fallenden« Strecken abwechseln. Mittels stationärer Dampfmaschinen sollten die Wagen auf den höchsten Punkt der Steigungen gezogen werden, um von dort aus jeweils »beynahe von selbst fortzurollen«. Dieses Konzept einer »sanft abhängigen und wieder plötzlich ansteigenden Eisenbahn« ließ Baader 1815 in London patentieren – eine praktische Verwirklichung hat es jedoch nicht gefunden.
Eine andere Überlegung aus der Fülle der Baaderschen Ideen war der Einsatz »beweglicher (wandelnder) Luft-Wagen«, denen »statt des gespannten Wasserdampfes die zusammengedrückte Luft als Motor« dienen sollte. Auf diesem Prinzip beruhte später – ohne daß dabei allerdings ein Rückgriff auf Baaders Gedanken nachweisbar wäre – die Entwicklung von Druckluft-

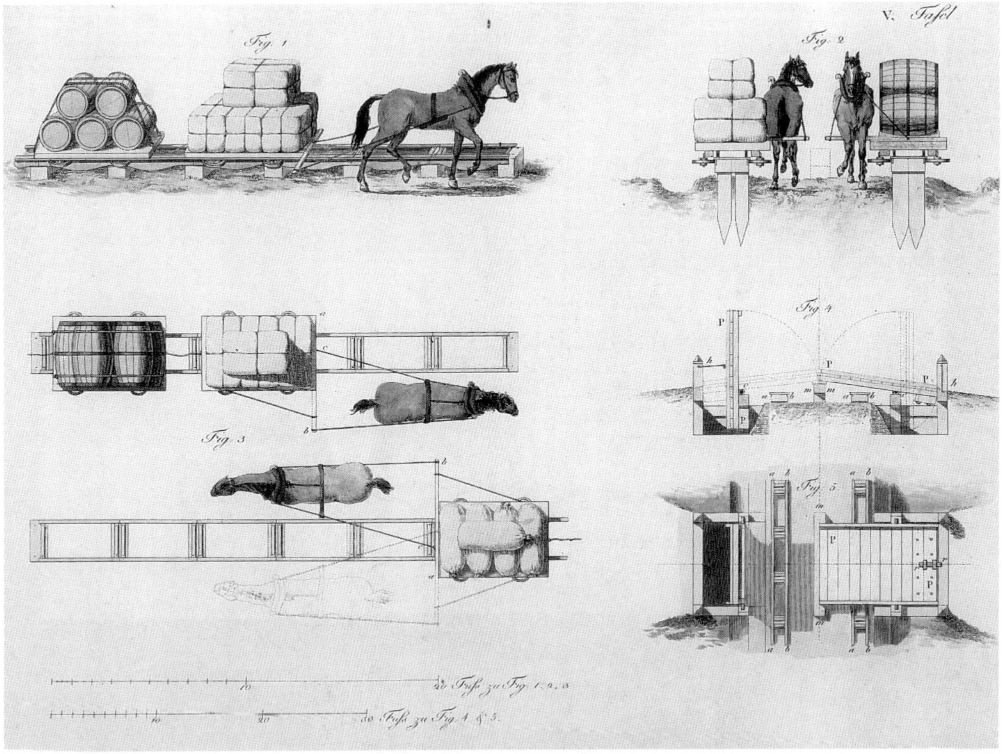

Abb. 3: Schienenverkehr mit Pferdekraft
Die Abbildung aus Baaders Hauptwerk »Neues System der fortschaffenden Mechanik« zeigt verschiedene technische Details: Die Pferde laufen neben den Gleisen und ziehen ihre Last mittels zweier Seile, die an einer am ersten Wagen angebrachten Stange befestigt sind. Die Wagen sind zusätzlich mit seitlichen Führungsrädern ausgestattet, um ein Abgleiten von den Schienen zu verhindern. Die Gleise sind »zum Schutz gegen jede Verunreinigung oder Verstopfung und in Hinsicht auf den Schnee 9 bis 10 Zoll über dem Boden erhöht«. Die daraus entstehenden Probleme für den Querverkehr löst Baader durch kleine, bewegliche »Fall- oder Zug-Brücken« (Fig. 4 und 5).

lokomotiven, die bis zur Erfindung der elektrischen Lokomotive durch Werner von Siemens 1879 dort zum Einsatz kamen, wo Dampflokomotiven wegen der Rauchentwicklung nicht verwendbar waren.
Baader war aber nicht nur der Theoretiker, der in Büchern, Zeitschriftenartikeln und Denkschriften an den König für seine Projekte warb. Er war überzeugt davon, daß »nicht selten die sinnreichsten Theorien auf logisch-falschen Voraussetzungen, oder schwankenden Hypothesen« beruhten und »man sich der Wahrheit nur auf dem Wege der Erfahrung durch zahlreiche im Großen angestellte Versuche«[6] nähern könne. Immer wieder suchte Baader deshalb nach Möglichkeiten, seine Ideen experimentell zu erproben.
Nach ersten praktischen Versuchen 1814/15, die »den gnädigsten und schmeichelhaftesten Beyfall« des österreichischen Kaisers, des russischen Zaren und des bayerischen Königs gefunden hatten, gelang es ihm 1818, im Hofraum der Kgl. Maschinenwerkstätte in der Münchner St.-Anna-Vorstadt ein

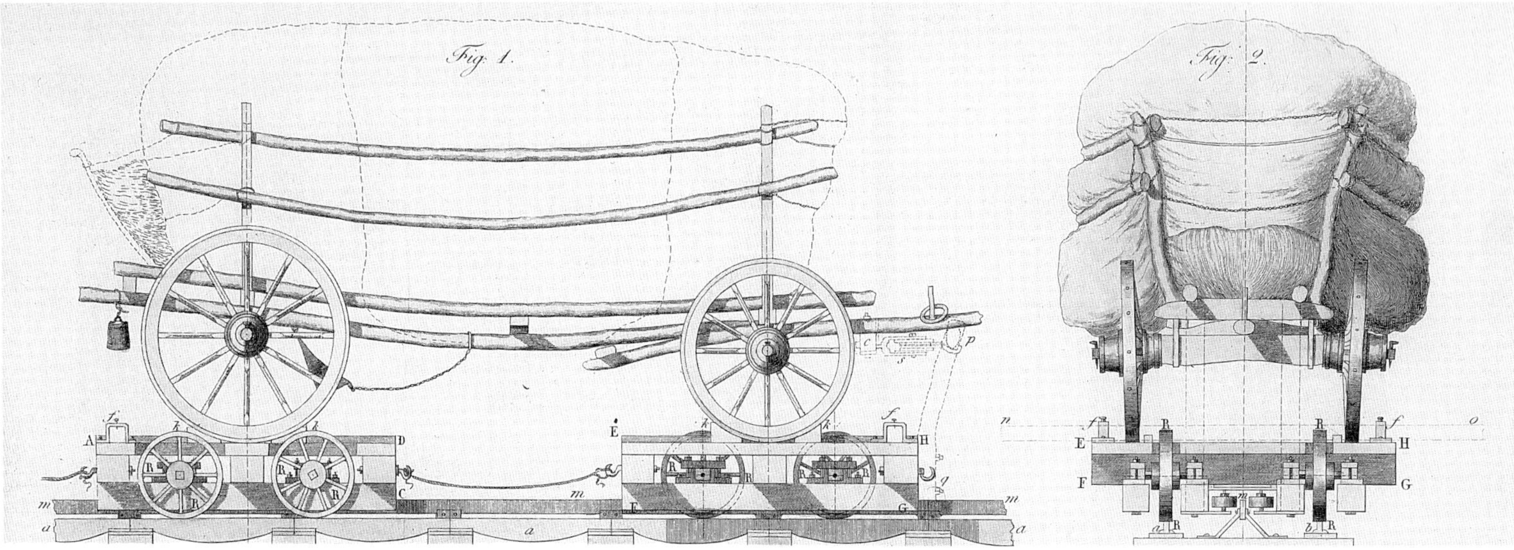

Abb. 4 u. 5: Frühformen des »Kombinierten Verkehrs«

Ein wichtiges Anliegen war für Baader die Kompatibilität von Schienen- und Straßenverkehr. Abb. 4 zeigt eine erste Art von Huckepack-Verkehr: Flache »Maschinen- oder Brückenwagen« übernehmen den Transport von Landfahrzeugen auf der Schiene. Abb. 5 zeigt einen Wagen mit doppeltem Laufradsatz. Damit ist dieses »Zweiwegefahrzeug« sowohl auf der Schiene als auch auf der Straße einsetzbar.

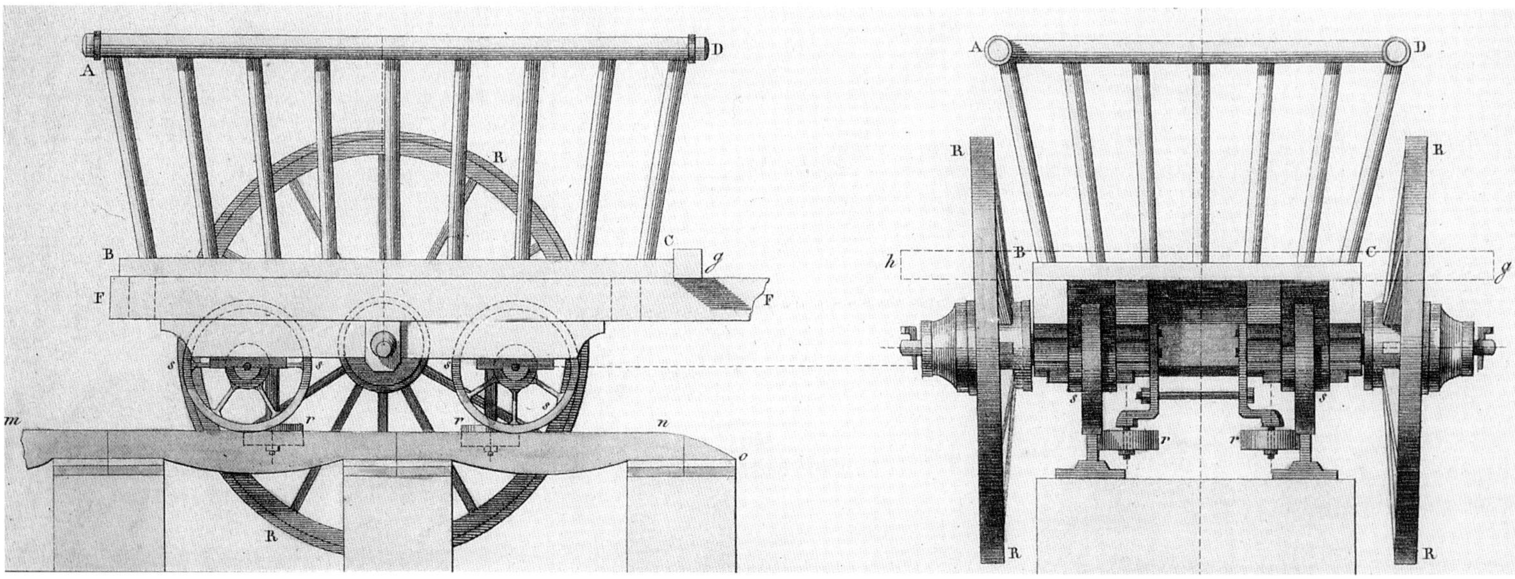

Bahnmodell in halber Größe aufzubauen. König Ludwig I. – damals noch Kronprinz – wünschte zunächst, diese »Erfindung eiserner Straßen partheilos von Sachverständigen geprüft, und wenn sie vorteilhaft befunden würde, selbe ausgeführt zu sehen«.[7] Doch bald ließen die großen Kanalbauprojekte sein Interesse an der Eisenbahn in den Hintergrund treten.
Erneute Hoffnungen hegte Baader 1825/26, als er im Nymphenburger Schloßpark – auf »zwei 780 Fuß (ca. 228 Meter, Anm. d. Verf.) langen in sich zurückkehrenden Schienensträngen« – erstmals Modelle nach eigener sowie nach englischer Bauart in Originalgröße vorführen konnte. Die drei zur Begutachtung eingesetzten Kommissionen äußerten sich anerkennend über den im Vergleich zum englischen System weitaus geringeren Reibungswiderstand der Baaderschen Bahn; hingegen fanden die auf einer Steilrampe vorgeführten »Compensations-Maschinen«, die die Effektivität seiner Konstruktionen auch in schwierigem Gelände beweisen sollten, keinen Anklang. Baader blieb die Umsetzung seiner technischen Ideen in die Praxis versagt – der Zug der Zeit ging in eine andere Richtung. Mit der Eröffnung der Strecken Stockton–Darlington (1825) und Liverpool–Manchester (1830) war eindeutig klar geworden, daß die Zukunft vorerst einmal der Dampflokomotive gehören würde. Dennoch zählt Baader zu den »Lichtpunkten in industrieller Dämmerung« – hat er doch die Eisenbahn in ihrer weitreichenden volks-

Abb. 6: Friedrich List (1789–1846)
Der aus Reutlingen gebürtige Nationalökonom, Politiker und Publizist zählt zu den herausragenden Pionieren der ersten Hälfte des 19. Jahrhunderts. Zeit seines Lebens hat er unermüdlich und gegen vielfachen Widerstand für die Schaffung eines liberalen, wirtschaftlich und politisch geeinten Deutschland gekämpft. Den »mächtigsten Hebel«, dieses Ziel zu erreichen, sah er um 1830 bereits im Bau eines umfassenden nationalen Eisenbahnnetzes.

wirtschaftlichen, aber auch sozialen Bedeutung als einer der ersten erkannt. Ihre Einführung und Weiterentwicklung war für Baader der beste Garant, den »National-Wohlstand aller Länder auf die höchste Stufe der Vollkommenheit zu bringen« und dank der Verbesserung der materiellen Lebensbedingungen »das drohende Gespenst der Unruhe und Unzufriedenheit der Proletaren (...) am Sichersten zu beschwören«.[8]

Immer behielt Baader die speziellen Vorzüge der Eisenbahn für seine bayerische Heimat im Auge. Lange bevor der erste Schritt von Nürnberg nach Fürth getan war, sah er bereits eine von der Nordgrenze des Königreichs bis Hamburg und Bremen sich fortsetzende Eisenbahnlinie voraus, die München, Augsburg und Nürnberg »so nahen Anteil an dem großen Welthandel« verschaffen würde, als ob diese Städte »nur sechs Meilen von der Nordsee entfernt«[9] lägen. Auch der Hinweis auf die Erschließung neuer Absatzmärkte für »unsere so beliebten bayerischen Biere« fehlte nicht in Baaders Argumentation. Und für 1880 prognostizierte er – in jeder Hinsicht zutreffend – ein umfassendes System von Eisenbahnen, »auf welchem man alle Waren und Produkte (...) sowie alle Reisenden mit einer jetzt für uns noch unbegreiflichen Schnelligkeit, Sicherheit und Bequemlichkeit nach allen Richtungen verführen« werde.
Hierin wußte er sich – wie der briefliche Kontakt zeigt – einig mit Friedrich List, der um 1830 bereits ein flächendeckendes deutsches Streckennetz konzipierte und dabei die Schaffung von Bahnverbindungen gerade für das revierferne und rohstoffarme Königreich Bayern »als ein wahrhaftes Göttergeschenk« ansah.
Am 20. November 1835, kurz vor der Eröffnung der ersten deutschen Eisenbahnlinie Nürnberg–Fürth, ist Joseph von Baader gestorben. Auf Münchens Südlichem Friedhof an der Thalkirchner Straße – einem wahren »Pantheon« der

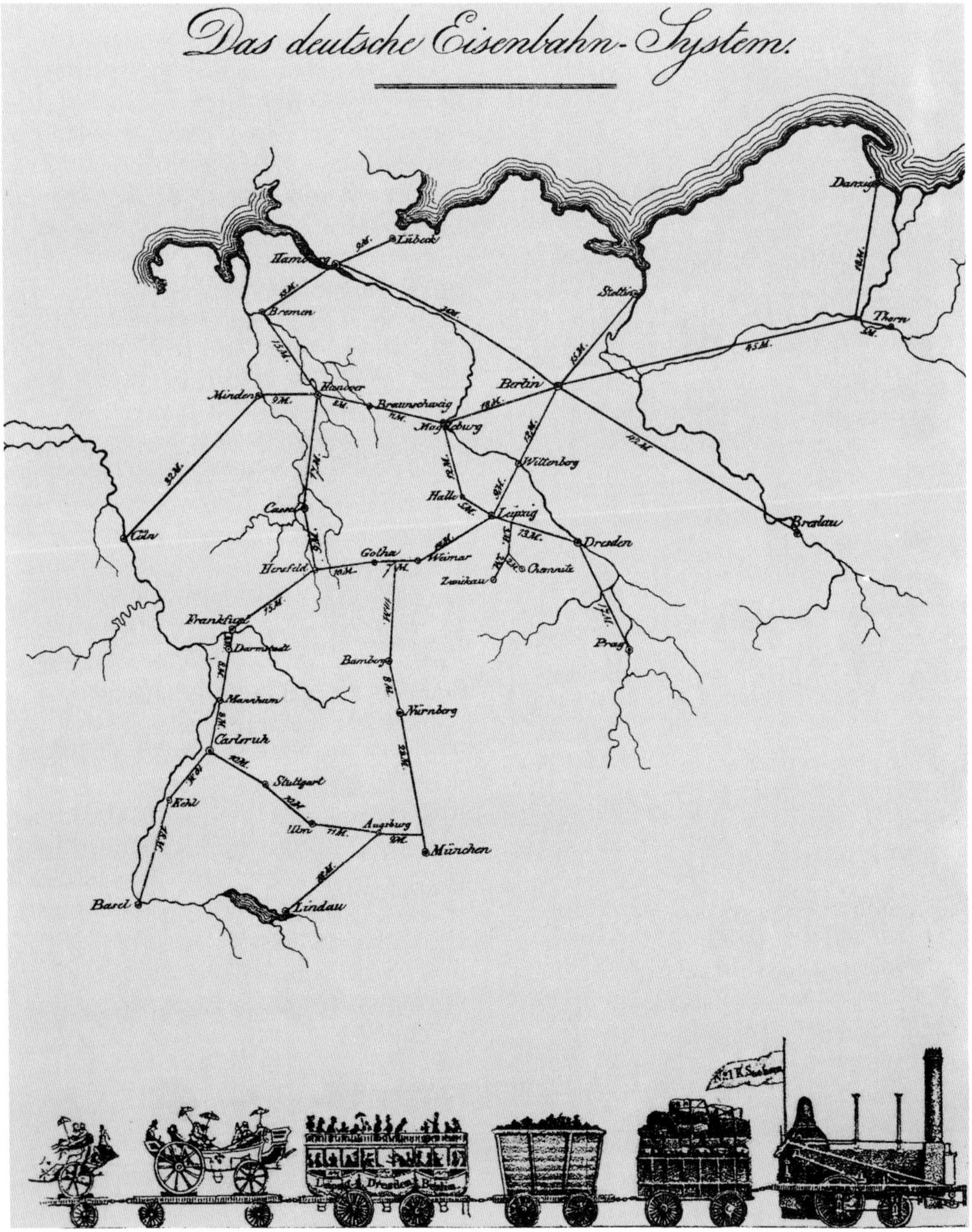

politischen, kulturellen und wirtschaftlichen Entwicklung Bayerns im 19. Jahrhundert – hat er seine letzte Ruhestätte gefunden.

Abb. 7: Das deutsche Eisenbahnsystem nach den Vorstellungen Friedrich Lists
1833 erschien in Leipzig Lists aufsehenerregende Broschüre »Über ein sächsisches Eisenbahn-System als Grundlage eines allgemeinen deutschen Eisenbahn-Systems«. Die abgebildete Karte zeigt, mit welchem Weitblick er schon damals das Netz der späteren Hauptverkehrslinien voraussah.

»Das Glück des Volks – die rasche Schienenbahn«

Der Bau der München–Augsburger Eisenbahnlinie 1835–1840

Als am 7. Dezember 1835 der englische »Wagenlenker« William Wilson – in Frack und Zylinder – den Eröffnungszug der ersten deutschen, rund sieben Kilometer langen Eisenbahnlinie von Nürnberg nach Fürth in Bewegung setzte, hielt die »gewaltige, wundersam wirkende Kraft des Dampfes« endgültig Einzug in das Transport- und Verkehrswesen des Königreichs Bayern.
Wenige Tage vor diesem festlichen Ereignis – am 28. November 1835 – war jedoch mit der Konzessionierung der München-Augsburger-Eisenbahngesellschaft bereits der Grundstein zu einem weiteren, ungleich größeren Bauprojekt gelegt worden, das die bayerische Haupt- und Residenzstadt mit der »17 Poststunden« entfernten Handels- und Bankenmetropole am Lech verbinden sollte.[1]
War Joseph von Baader noch der Überzeugung gewesen, daß »eine so wichtige und vorteilhafte Unternehmung« wie der Bau von Eisenbahnen »durchaus nur auf Kosten und für Rechnung des Staates ausgeführt werden«[2] dürfe, so verlief die Entwicklung angesichts der angespannten Finanzsituation des Königreichs Bayern zunächst anders. Die Lasten und Risiken des frühen Eisenbahnbaus trug jeweils der örtliche »Handelsstand«, das private Unternehmertum, das über eigens gegründete Aktiengesellschaften die Baumaßnahmen und den Betrieb finanzierte. Allerdings durften sich die Eisenbahngesellschaften aufgrund der »Fundamentalbestimmungen für sämtliche Eisenbahnstatuten« vom 28. September 1836 »als gemeinnützige Anstalten des besonderen Schutzes des Staates erfreuen«. Bedeutende Persönlichkeiten aus dem Wirtschaftsleben finden sich unter den »Gründervätern« der München–Augsburger Eisenbahnlinie: die vielseitigen Industriepioniere Joseph Anton von Maffei und Karl Forster, die Bankiers und Unternehmer Simon von Eichthal und Ferdinand Benedikt von Schaezler, die Großkaufleute Christian August Erich und Ludwig Negrioli – um nur einige zu nennen. Einen frühen und einflußreichen Förderer hatte das Eisenbahnprojekt auch in Augsburgs Erstem Bürgermeister, Dr. Heinrich Carron du Val, der Aktien über 85 000 Gulden zeichnen

Abb. 8: Bayerischer Auftakt zum Eisenbahnzeitalter in Deutschland
Die Eröffnung der Kgl. privilegierten Ludwigs-Bahn von Nürnberg nach Fürth am 7. Dezember 1835

Abb. 9: Joseph Anton Ritter von Maffei (1790–1870)
Aufgrund seines vielseitigen unternehmerischen und öffentlichen Wirkens zählt Maffei zu den Initiatoren der Industrialisierung Bayerns. Der Schwerpunkt seines Engagements galt dem Eisenbahnbau. Zu dessen Verwirklichung »auf heimischem Boden« trug er durch die Leitung des Direktoriums der München-Augsburger-Eisenbahngesellschaft 1837–1844 und die Gründung seines im Lokomotivbau tätigen Eisenwerks in der Hirschau entscheidend bei.

Abb. 11: Dr. Heinrich Carron du Val (1793–1846)
Seit 1835 war er Erster Bürgermeister Augsburgs und unterstützte zielstrebig die Initiativen der örtlichen Wirtschaft zum Bau »vaterländischer Eisenbahnen«. Die zunächst kühnen und weitreichenden Bahnprojekte reduzierten sich jedoch fürs erste auf die Schaffung der Bahnlinie nach München. Carron du Val gehörte zu den führenden Persönlichkeiten in der München-Augsburger-Eisenbahngesellschaft.

Abb. 10 (M., o.): Paul Camille von Denis (1795–1872)
Der Bau der ersten deutschen Eisenbahnstrecke Nürnberg–Fürth begründete seinen hervorragenden Ruf als Eisenbahningenieur. Auch die München-Augsburger-Eisenbahngesellschaft wählte ihn zum Baudirektor, doch übernahm er bald darauf die technische Leitung beim Bau der Taunusbahn. Es folgten weitere umfangreiche Bahnbauten, vor allem in der Pfalz, im südlichen Hessen sowie im Bereich der bayerischen Ostbahnen. Als Denis 1866 in den Ruhestand trat, hatte er rund 1 000 Kilometer Eisenbahnen erbaut.

Abb. 12 (M., u.): Johann Ulrich Himbsel (1787–1860)
Nach einer Aufnahme von Franz Hanfstaengl, um 1855
Seit 1818 war Himbsel Baurat bei der Münchner Lokalbau-Kommission. Nach Gründung der München-Augsburger-Eisenbahngesellschaft gehörte er zunächst deren Direktorium an und übernahm anschließend in der Nachfolge von Paul Camille von Denis das Amt des Baudirektors. 1849 erhielt er die Konzession zum Bau der Bahnlinie München–Starnberg und übergab 1851 »das erste Dampfschiff dem Würmsee«.

ließ, »damit durch eine solche Subskription die Anerkennung der für diese Commune so nützlichen Unternehmung lebhaft ausgedrückt«[3] würde.
Parallel zur Schaffung der rechtlich-organisatorischen Rahmenbedingungen hatte Paul Camille von Denis – der Baumeister der Nürnberg–Fürther Linie – mit den technischen Vorarbeiten der Streckenführung begonnen. Der von ihm erstellte Bauplan sowie sein mit rund drei Millionen Gulden bezifferter Kostenvoranschlag wurden am 28. Dezember 1837 vom Verwaltungsrat der Gesellschaft genehmigt. Inzwischen hatte Denis jedoch das Angebot erhalten, die technische Leitung der Taunusbahn Frankfurt–Wiesbaden zu übernehmen. So blieb er der München-Augsburger-Eisenbahngesellschaft lediglich noch als »Konsulent« erhalten, der »beratend durch zeitweises Hierherkommen« wirkte. Im Amt des Baudirektors folgte ihm Ulrich Himbsel.
Mühsam und langwierig gestaltete sich trotz des »Expropriationsgesetzes« vom 17. November 1837 der erforderliche Grunderwerb, der durch »zähen Geiz und häufig auch Aufreizung der Grundbesitzer«[4] erschwert wurde, doch konnte im Februar 1838 schließlich mit den ersten Erdarbeiten begonnen werden.
Mehr als 6 000 Arbeiter waren im Verlaufe der folgenden rund zweieinhalb Jahre auf der Großbaustelle beschäftigt: Kleinbauern und Landarbeiter, Taglöhner, Dienstboten und Handwerker, die im Eisenbahnbau eine Chance sahen, ihre vielfachen Gefährdungen ausgesetzte Existenz zumindest vorübergehend zu sichern. Soweit sie nicht aus den umliegenden Dörfern kamen, fanden sie in »Interimshütten und Baraquen« ein bescheidenes Quartier.

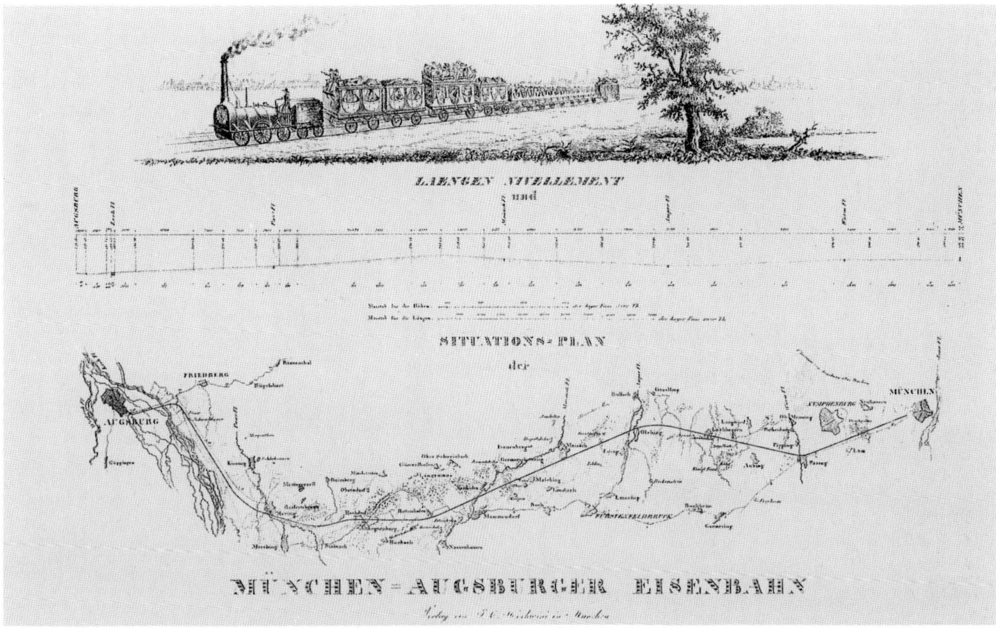

Abb. 13: Lageplan der München–Augsburger Eisenbahn
Der Weg der 59,5 Kilometer langen Eisenbahnlinie führte von München über Pasing, Lochhausen, Olching, Untermalching, Nannhofen, Althegnenberg und Mering nach Augsburg. Aufgrund der beträchtlichen Höhenunterschiede kam Paul Camille von Denis zu dem Ergebnis, daß »das Niveau im allgemeinen als ein günstiges nicht bezeichnet« werden könne. Zusätzliche technische Probleme lagen in der Bewältigung des Hattenhofer Berges, der Überwindung des Haspelmoores und der Überbrückung des Lechs.

Ein Problem besonderer Art war die Beschaffung der rund 60 000 Zentner Schienen, die mangels einheimischer Produkte aus dem walisischen Eisenwerk Thompson & Forman in Tredegar bezogen werden mußten. Der Augsburger Bankier Isidor Obermayer und sein Schwiegersohn Flersheim, Bankier in Frankfurt, übernahmen die gewinnträchtige, wenngleich risikoreiche Organisation des Transports. Dieser führte zunächst nach Rotterdam, dann weiter auf Rhein und Neckar bis Cannstatt und von hier aus schließlich auf dem Landweg an die jeweiligen Bestimmungsorte entlang der München–Augsburger Strecke.
Auch in anderer Hinsicht mußte England Starthilfe leisten. Da deutsche Unternehmer wie August Borsig in Berlin, Joseph Anton von Maffei in München und Emil Keßler in Karlsruhe erst nach 1840 in der Lage waren, Lokomotiven eigener Produktion zu liefern, war man zunächst auf englische »Dampfer« angewiesen.

Abb. 14: Die bei Robert Stephenson gebaute Lokomotive »Jupiter«
Sie gehörte mit der Achsfolge 1A1 zur »Patentee«-Klasse und besaß zwei Zylinder mit jeweils rund 35 Zentimeter innerem Durchmesser sowie 50 Zentimeter Kolbenhub. Der Treibraddurchmesser betrug 152 Zentimeter. Bis zur Übernahme der Bahnlinie in Staatseigentum 1844 legte die Lokomotive »Jupiter« ca. 74 000 Kilometer zurück. Die »Wagenlenker« und Heizer waren dabei Witterung, Ruß und Staub schutzlos ausgesetzt.

Schon 1837 – noch vor dem ersten Spatenstich – bestellte die München-Augsburger-Eisenbahngesellschaft sechs Lokomotiven in England: »Juno« und »Jupiter« bei Robert Stephenson in Newcastle, »Vesta« und »Venus« bei Sharp & Roberts in Manchester, »Vulkan« und »Mars« bei Fenton, Murray & Jackson in Leeds. 1841 ergänzten dann noch »Merkur« und »Diana« aus der Werkstatt Stephensons den »olympischen« Maschinenpark. Die Wagen hingegen waren Produkte des örtlichen Handwerks.

Wie die Lokomotiven selbst, so kamen auch die Lokomotivführer aus England. Im März 1839 traf der englische »Superintendent« Joseph Hall zusammen mit den beiden »Wagenlenkern« John und James Smith in München ein. Mit der Anstellung von James Smith allerdings hatte man keine gute Wahl getroffen. Schon bald mußte er wegen seines »rohen und widerspenstigen Charakters«, seiner »ebenso ungebührlichen als gefährlichen Drohungen«[5] fristlos entlassen und durch William Dixon ersetzt werden.

Verständlicherweise war man bestrebt, sich möglichst rasch aus der Abhängigkeit von ausländischen Technikern zu befreien. So wurden diese verpflichtet, ihnen zugewiesene Personen »in der Führung der Locomotiven aufs Genaueste und in der kürzest möglichen Zeit zu unterrichten«.[6] Die Sache hatte Erfolg: 1844, als die Privatbahn München–Augsburg »unwiderruflich in das Eigentum des Staates« überging, standen bereits fünf einheimische Lokomotivführer zur Verfügung.

Nun aber zurück in das Jahr 1839, zum 25. August, dem Sankt-Ludwigs-Tag. Während anläßlich des Geburts- und Namensfestes König Ludwigs I. im Osten Münchens die Mariahilfkirche in der Au eingeweiht wurde, fand im Westen der Stadt ein weiteres bedeutsames Ereignis statt: Das »hehre Königsfest« wurde nämlich von den Direktoren der Eisenbahngesellschaft »dazu benützt, daß die fertige Strecke der Eisenbahn bis Lochhausen (...) zum ersten Mal mit Dampf befahren wurde, welches erhabene Schauspiel für diesmal nur dem technischen Personal und wenigen anderen zuteil ward. (...) Es war gegen 7 Uhr morgens, als die Lokomotive ›Vesta‹ mit einem Personenwagen majestätisch dahinrollte und die Strecke, obwohl wegen verschiedener Versuche viermal innegehalten wurde, in 25 Minuten zurücklegte.«[7]

Abb. 15: Der Eisenbahnbau bei Lochhausen, 1839
Nach einer Lithographie von Gustav Kraus
Im Februar 1838 war bei Lochhausen der erste Spatenstich zur München–Augsburger Eisenbahnlinie erfolgt. Das Bild zeigt im Hintergrund die bereits aufgeschüttete Bahntrasse, im Vordergrund eine Gruppe führender Vertreter der Eisenbahngesellschaft.

Abb. 16: Wagenmodelle der München–Augsburger Eisenbahn
Bei Aufnahme des durchgehenden Betriebs im Herbst 1840 verfügte die Eisenbahngesellschaft über 37 Personenwagen 1. bis 4. Klasse, zwölf Güterwagen und einen »zum Dienst der allerhöchsten und höchsten Herrschaften« bestimmten Galawagen.
Während die Wagen der 1. Klasse mit Glasfenstern ausgestattet waren, hatte die 2. und 3. Wagenklasse anstelle der Fenster lediglich lederne »Wettermäntel«. Auch Komfort und Anzahl der Sitze waren entsprechend abgestuft. Bar jeden Schutzes waren die Reisenden in den offenen, mit einfachen Holzbänken versehenen Wagen der 4. Klasse, die aufgrund vielfacher Beschwerden bereits 1841 wieder abgeschafft wurde. Im Betriebsjahr 1842/43 unternahm man bereits Versuche, die Wagen der 1. und 2. Klasse mittels eiserner, mit heißem Sand gefüllter Röhren zu erwärmen.

Nach weiteren Probefahrten, »die ebenso günstig wie die erste ausfielen«, konnte am 1. September 1839 die erste Teilstrecke München–Lochhausen offiziell eröffnet werden. Dieser denkwürdig-festliche Tag markiert auch den Beginn der traditionsreichen Geschichte des Münchner Hauptbahnhofs – ist doch dessen frühester Vorläufer, ein schlichter Holzbau auf dem Marsfeld, zugleich mit dem »bewunderten Eisenstrang« für die Öffentlichkeit freigegeben worden.
Das »stille, verlegene Dörfchen« Lochhausen, »von welchem ehedem nur die nächsten Nachbarn etwas wußten«, blieb jedoch nicht lange »der Port, in dem der Dampfwagen seine Fahrt beschloß«.[8] Zügig folgte die Fertigstellung der weiteren Streckenabschnitte, und am 4. Oktober 1840 war es schließlich soweit: Gegen halb elf Uhr traf »unter dem beständigen Jauchzen der dichtgedrängten Zuschauer, dem Donner der Böller und dem Spiel der Musikchöre« der Eröffnungszug aus München nach zweieinhalbstündiger Fahrt »an dem mit grünen Gewinden und zwei Obelisken gezierten (Augsburger, Anm. d. Verf.) Bahnhofe«[9] ein.
Mit diesem für München und Augsburg gleich bedeutsamen Tag, an den sich so viele Hoffnungen knüpften, fand das »benehmlich mit dem Handelsstande« 1835 eingeleitete und innerhalb von rund zweieinhalb Jahren realisierte Großbauprojekt seinen Abschluß. Bedenkt man die Schwierigkeiten, die die vorindustrielle Struktur von Güterproduktion, Arbeit und Verkehr mit sich

brachte, so kann man auch aus der zeitlichen Distanz von gut 150 Jahren dieser Pionierleistung im bayerischen Eisenbahnbau seine Bewunderung nicht versagen.

Abb. 17: Medaille zur Erinnerung an die Eröffnung der München–Augsburger Eisenbahn am 4. Oktober 1840

Die für die offiziellen Festgäste gefertigte Medaille des Kgl. Hofgraveurs August Neuss zeigt einen über die Lechbrücke fahrenden Wagenzug, über dem ein Adler schwebt. Links das Münchner, rechts das Augsburger Stadtwappen.

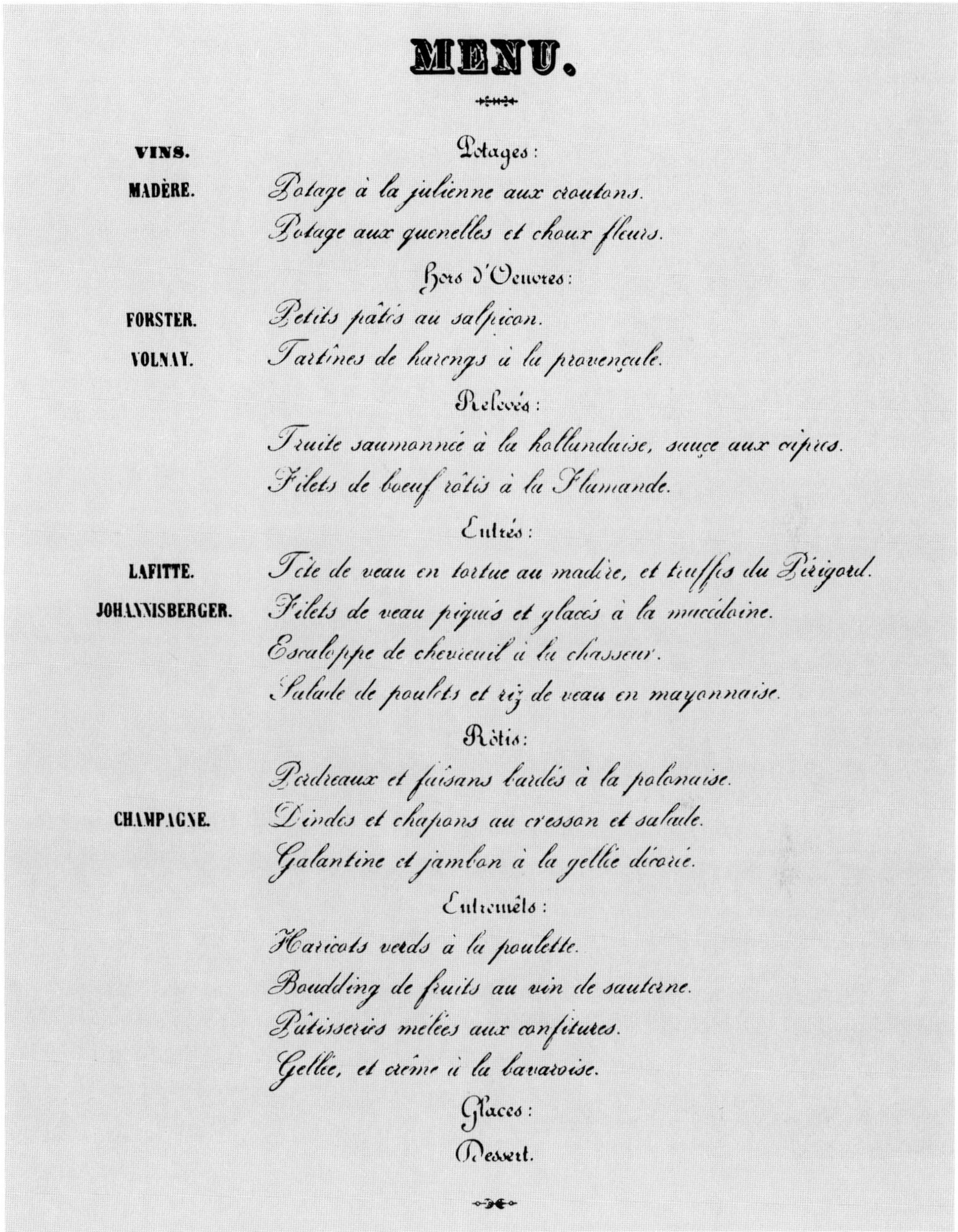

MENU.

VINS.	Potages:
MADÈRE.	Potage à la julienne aux croutons.
	Potage aux quenelles et choux fleurs.
	Hors d'Oeuvres:
FORSTER.	Petits pâtés au salpicon.
VOLNAY.	Tartines de harengs à la provençale.
	Relevés:
	Truite saumonnée à la hollandaise, sauce aux câpres.
	Filets de boeuf rôtis à la Flamande.
	Entrés:
LAFITTE.	Tête de veau en tortue au madère, et truffes du Périgord.
JOHANNISBERGER.	Filets de veau piqués et glacés à la macédoine.
	Escaloppe de chevreuil à la chasseur.
	Salade de poulets et riz de veau en mayonnaise.
	Rôtis:
	Perdreaux et faisans bardés à la polonaise.
CHAMPAGNE.	Dindes et chapons au cresson et salade.
	Galantine et jambon à la gellée décorée.
	Entremêts:
	Haricots verds à la poulette.
	Boudding de fruits au vin de sauterne.
	Pâtisseries mêlées aux confitures.
	Gellée, et crême à la bavaroise.
	Glaces:
	Dessert.

Abb. 18: Speisekarte für das Diner des »Vereinigungsfestes«

Harte Auseinandersetzungen zwischen den Münchner und Augsburger Vertretern der Eisenbahngesellschaft hatten den Bahnbau oftmals begleitet. Nach glücklicher Vollendung der Gesamtstrecke fand am 22. Oktober 1840 in München ein offizielles »Vereinigungsfest« statt. Ein erlesenes Diner im kgl. Odeon beschloß diesen Tag, an dem die Augsburger Stadtväter der »geliebten Schwesterstadt« den »feurigen Wunsch« überbrachten, daß man »fortan ein Herz und eine Seele« bleiben möge.

Abb. 19: Die Eröffnung der ersten Teilstrecke München–Lochhausen am 1.September 1839
Nach einer Lithographie von Gustav Kraus
Eine große Menschenmenge hatte sich eingefunden, um dieses festliche Ereignis mitzuerleben. Auf der Wiese, »welche der bewunderte Eisenstrang durchzog«, waren Wagen mit Bierfässern aufgefahren. »Der bürgerliche Mann schloß seinen Laden und hob auf das Wohl des unter allseitigem Hurra fortsausenden Zuges seinen Krug.« Im Hintergrund das Münchner Bahnhofsprovisorium auf dem Marsfeld.

Holzprovisorium auf dem Marsfeld

Der erste Münchner Bahnhof 1839–1847

Am Beginn der Münchner Bahnhofsgeschichte standen zunächst hochfliegende Pläne. 1838 – im selben Jahr, als der erste Spatenstich an der München–Augsburger Strecke erfolgte – gingen Baudirektor Ulrich Himbsel und sein Stellvertreter Joseph Pertsch an die Projektierung eines Bahnhofsgebäudes für die Kgl. Bayerische Haupt- und Residenzstadt. Sie wählten dabei nicht nur unterschiedliche Standorte, sondern auch unterschiedliche architektonische Gestaltungsmöglichkeiten, wobei sie sich beide an englischen Vorbildern orientierten.[1]

Joseph Pertsch entschied sich für das Gelände des heutigen Postgiroamtes an der Sonnenstraße. Hier plante er die Errichtung eines großzügigen, halbkreisförmigen Stationsgebäudes mit vier

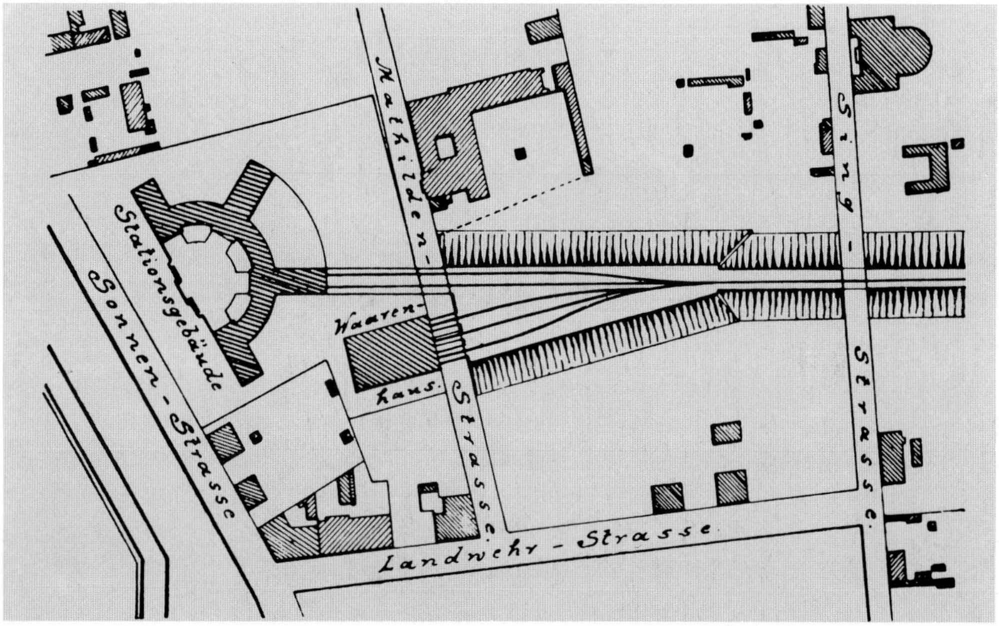

Abb. 20: Das Bahnhofsprojekt von Joseph Pertsch, 1838
Pertsch plante das Stationsgebäude als halbkreisförmige, sich zur Sonnenstraße hin öffnende Anlage. Die für die München–Augsburger Eisenbahnlinie vorgesehenen Gleise sollten auf hoher Aufdämmung Mathilden- und Singstraße (heute Schillerstraße) überqueren und auf einem etwa 260 Meter langen Backsteinviadukt über die Theresienhöhe geführt werden.

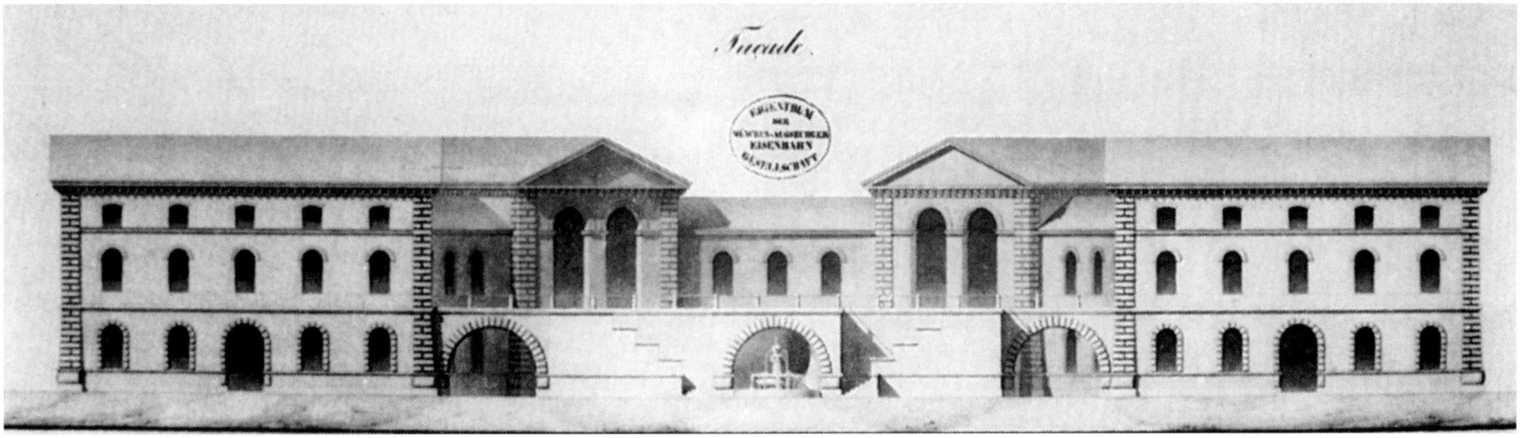

Abb. 21: Fassadenentwurf für das Stationsgebäude an der Sonnenstraße, 1838

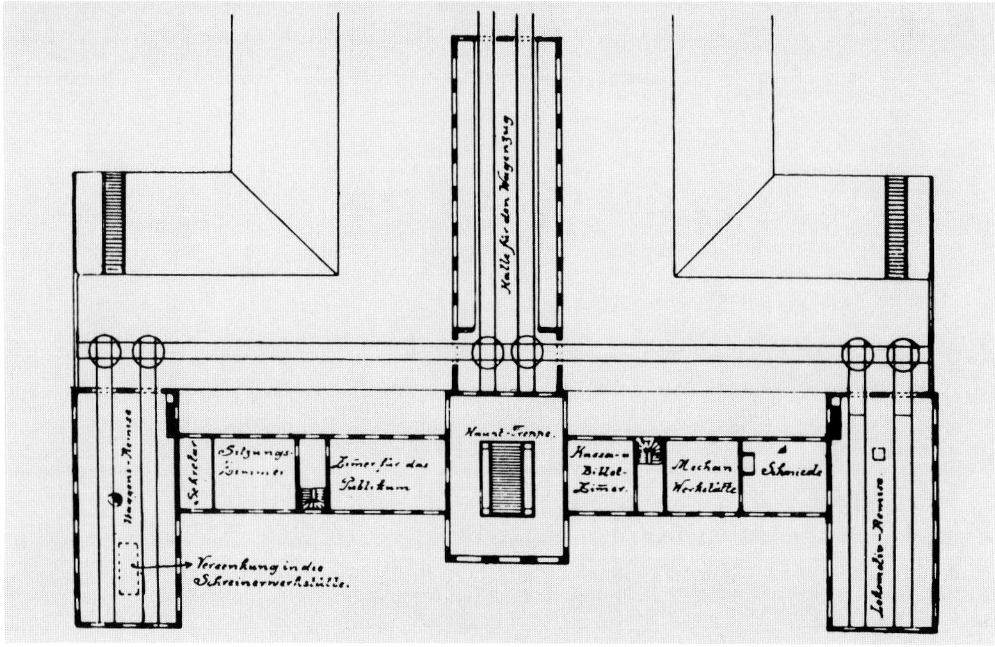

Abb. 22: Das Bahnhofsprojekt von Ulrich Himbsel, 1838
Himbsel entschied sich für einen langgestreckten, dreigliedrigen Baukomplex, dessen Einsteighalle bahnseits in einem festungsartigen Tor ihren Abschluß finden sollte. Da zwischen dem von ihm gewählten Standort an der Spatzenstraße und der freien Bahnstrecke ein beträchtlicher Höhenunterschied bestand, mußte auch er eine kostspielige Dammschüttung vorsehen und Einsteighalle sowie Remisen in das Obergeschoß verlegen.

Abb. 23: Der erste Münchner Bahnhof auf dem Marsfeld, 1839–1847
Die Frontlänge des Holzbaus betrug ca. 50 Meter. Die Einsteighalle, in die zwei an ihren Enden mit Drehscheiben versehene Gleise führten, hatte eine Länge von rund 80 Metern und eine Breite von 16 Metern. Dem Bahnhof vorgelagert waren zwei »Cassa-Hütten«. Weitere Holzbauten beherbergten die Lokomotiv- und Wagenremise sowie ein »Maschinengebäude«. Ab 1840 ergänzten eine »Waghalle« für den Güterverkehr sowie eine Kohlenhütte die Baulichkeiten des Bahnhofs.

radial angeordneten Hallen. Für den Güterverkehr sah er seitwärts ein eigenes »Warenhaus« vor.
Ulrich Himbsels bauliche Konzeption blieb an Originalität hinter den Entwürfen Pertschs zurück. Seine Wahl des Bauplatzes hingegen war ein »Schritt in die richtige Richtung«, wollte er doch den Münchner Bahnhof damals bereits an der ehemaligen Spatzenstraße – und damit nahezu an seinem heutigen Standort – errichtet sehen.
Da es um die Finanzkraft der München-Augsburger-Eisenbahngesellschaft jedoch nicht zum besten stand, war an eine Realisierung von Projekten dieser Größenordnung zunächst nicht zu denken. Erst nach der 1844 erfolgten Übernahme der privaten München–Augsburger Eisenbahn in das Eigentum des Staates sollte die Planung eines repräsentativen Bahnhofs erneut Aktualität gewinnen.
Vorerst mußte man sich mit einem schlichten Holzprovisorium begnügen – vor den Toren der Stadt, auf dem Marsfeld nächst dem Pschorrkeller gelegen, »da, wo jetzt die zwei südlichen Öffnungen der eleganten Hackerbrücke den Bahnhof überspannen«[7]. Mit der festlichen Eröffnung der Teilstrecke nach Lochhausen am 1. September 1839 war hier offiziell der Betrieb aufgenommen worden.
Dem Altmünchner Schriftsteller Ludwig Steub verdanken wir einen reizvollen Erlebnisbericht aus dem Jahre 1840, der uns den Marsfeld-Bahnhof in Erscheinungsbild und Betrieb lebendig vor Augen führt.

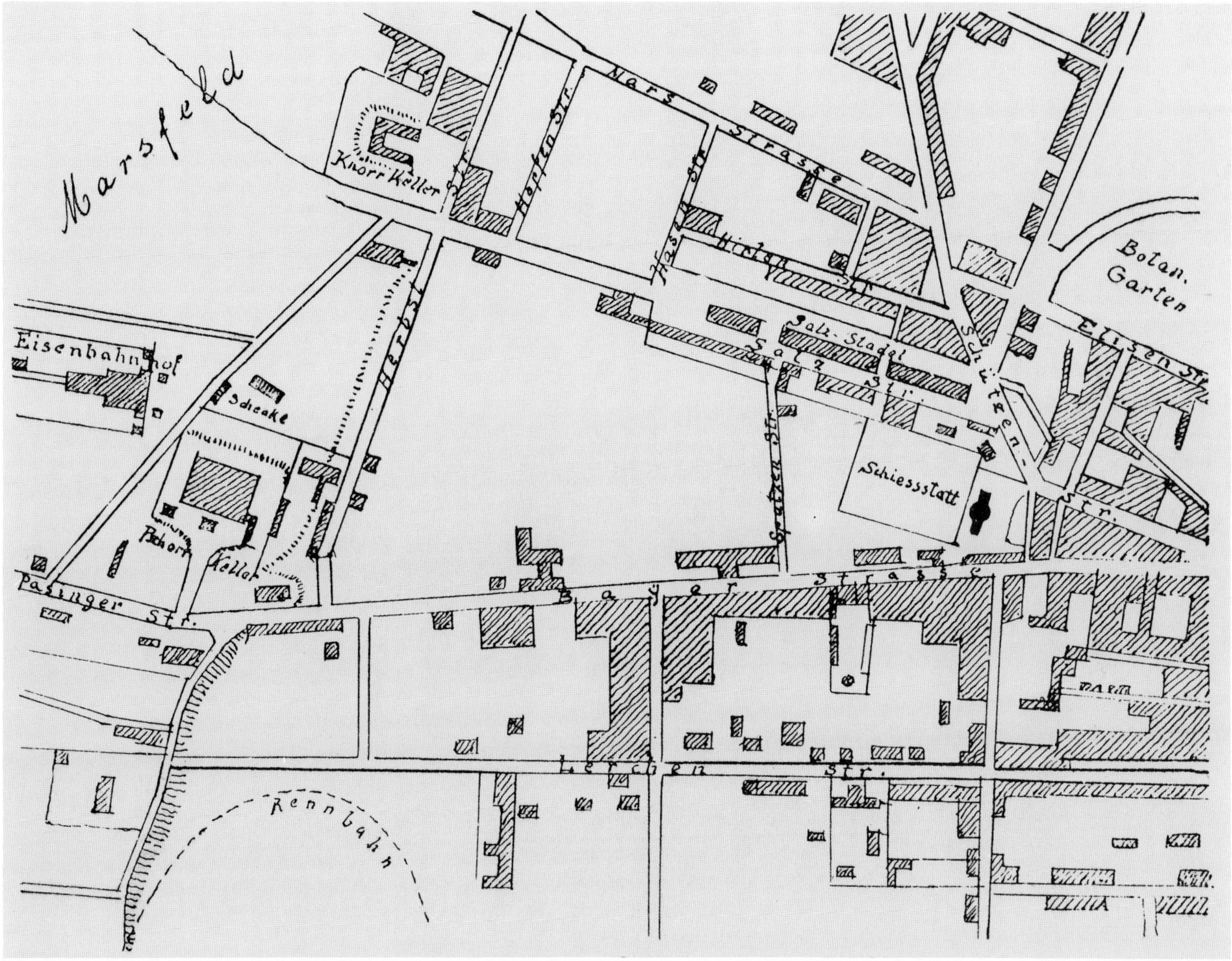

Abb. 24: Ausschnitt aus dem Stadtplan Münchens, 1844
Links im Bild der »Eisenbahnhof« auf dem Marsfeld, in unmittelbarer Nähe des Pschorr-Kellers. Rechts in der Bildmitte die »Schießstatt« der Kgl. privilegierten Hauptschützengesellschaft. Als dieses Areal 1847 zum Bauplatz für den neuen Centralbahnhof gewählt wurde, fiel damit in der Standortfrage die bis heute bestimmend gebliebene Entscheidung. Im Vordergrund die Rennbahn auf der Theresienwiese. Die hier veranstalteten Pferderennen standen von 1810 bis 1913 im Mittelpunkt des Oktoberfests.

Künftigen Donnerstag den 7. Juli 1842 findet in der Wirthschaft zur Eisenbahn in Lochhausen

musikalische Unterhaltung

statt.

Auch wird Herr Kammermeyer, Physiker aus Regensburg,

eine aeronautische Vorstellung

wobei 5 Ballons zugleich in die Luft steigen, zu geben die Ehre haben, wozu der Unterzeichnete ganz ergebenst einladet und zu bemerken sich erlaubt, daß nebst der 3 Uhr-Fahrt auf der Eisenbahn noch eine Fahrt um 6 Uhr Abends nach Lochhausen und um 6½ Uhr von Lochhausen nach München stattfinden wird.

München den 4. Juli 1842.

K. Lösl,

Geschäftsführer der Wirthschaft zur Eisenbahn in Lochhausen.

Abb. 25: Ausflugsziel Lochhausen

Besonderer Beliebtheit bei den Münchnern erfreuten sich Sonderfahrten nach Lochhausen. Hier hatte die Eisenbahngesellschaft einen Gasthof mit Biergarten – die »Wirthschaft zur Eisenbahn« – eingerichtet, in der für Musik und sonstige Attraktionen gesorgt war. Die Eintrittskarten hierfür wurden am Münchner Bahnhof zusammen mit den Fahrkarten verkauft.

Das Stationsgebäude ist – so schreibt unser Gewährsmann – »ein hohes, hölzernes Gehäuse, von dessen First herunter die Landesflagge weht, an dessen Vorderseite auf großer schwarzer Tafel Bedeutung und Zweck des Gebäudes ausgesprochen sind. Von seinen Seiten lösen sich hohe Planken ab, die einen beträchtlichen Hofraum einfangen, das Arsenal der Bahn. Vor den Eingängen stehen zwei hölzerne Tempelchen (...), in denen der Reisende sein Opfer darbringt, welches er im Vergleich zu anderen Bahnen immer noch etwas hoch zu finden geneigt ist. Die Glocke, die über dem Giebel des Bahnhauses hängt, läßt sich vor der Abfahrt dreimal hören. Beim zweiten Male öffnen sich die Tore des Hauses, um sich beim dritten Male wieder hinter der Menge zu schließen. Zwei große Empfangszimmer beherbergen die Reisenden die wenigen Minuten bis zur Abfahrt. – Endlich ist's an der Zeit, und das fahrlustige Volk strömt hinaus in die weite Halle, welche die Anfänge der Bahn überwölbt. Dort stehen in langer Reihe die Wagen bereit, die rauchende Maschine an der Spitze. Die beiden englischen Wagenlenker hantieren auf dieser und schüren den Brand, der glühend herausglost, vom Kopf bis zur Zehe zwei Dämonen gleich, die an den Pforten der Hölle stehen. (...) Eine Menge Diener laufen unterdessen hin und her, ermahnend, helfend und ratend, die meisten in der Bahnlivree, einem krapproten Frack mit schwarzen Aufschlägen; das Haupt bedeckt eine Jockeymütze, deren Vorderseite die Insignien der Anstalt zeigt, ein geflügeltes Rad, das auf einer Schiene ruht. Wir sitzen, die Maschine gibt sich mit einem durchdringenden Pfiff selbst das Zeichen (...) und eilt tobend davon.«[3]

Wer sich vom Marsfeld-Bahnhof aus auf den Weg nach Augsburg machte, hatte auf der vorerst eingleisigen Strecke einschließlich der Aufenthalte in den acht Zwischenstationen eine Fahrzeit von zweieinhalb Stunden vor sich. Der Reisende konnte sich in der Anfangszeit jedoch auch für eine »Personen-Nachtfahrt mit Pferde-Kraft« entscheiden, die ihn – bei fünfmaligem Wechsel der Pferde – in acht Stunden an sein Ziel brachte.

Wenngleich sich das Provisorium »München-Marsfeld« durch äußerste Einfachheit und Schmucklosigkeit auszeichnete, erlebte es doch auch so manche Sternstunde. Erinnert sei an den

Abb. 26: Höhepunkt in der Geschichte des Marsfeld-Provisoriums

Dieses kunstvoll ausgeführte, im Stil der Neugotik gehaltene Blatt von I. B. Scholl erinnert an die festliche Eröffnung der München–Augsburger Eisenbahn am 4. Oktober 1841. Das Gedicht »Der Dampfwagen« preist die bis dahin unvorstellbare Schnelligkeit des neuen Verkehrsmittels: »Dampfrosses Gang ist Sturmesflug.«

Fahrordnung
im Monate Juni.

Vom 1. bis 30. Juni einschließlich finden folgende Fahrten statt:

Täglich
regelmäsige Abfahrten in München und Augsburg.
a) Mit Dampfwagen
Morgens 7 Uhr, Nachmittags 3 Uhr, Abends 7 Uhr.
b) Mit Pferden
Nachts 11 Uhr.

Außer den täglich regelmäßigen Fahrten findet an jedem Sonn- und Feiertage im Juni noch eine vierte Abfahrt mit Dampfwagen hier und in Augsburg
um 11 Uhr Vormittags
statt.

München den 26. Mai 1841.

Das Directorium der München-Augsburger Eisenbahn-Gesellschaft.
J. v. Maffei, Vorstand.
Maillinger, Geschäftsführer.

Abb. 27: Fahrplan, Juni 1841
In der Anfangszeit verkehrten zwischen München und Augsburg täglich zwei Züge in beiden Richtungen, die um 8 Uhr und um 15 Uhr an ihren Endpunkten abfuhren. Während der Sommermonate wurden drei, gelegentlich vier Züge eingesetzt. Die neben dem Lokomotivbetrieb zunächst noch durchgeführten »Nacht-Fahrten mit Pferde-Kraft« wurden nach kurzer Zeit wieder eingestellt, da sie nicht rentabel waren und der Bahndamm dabei Schaden nahm.

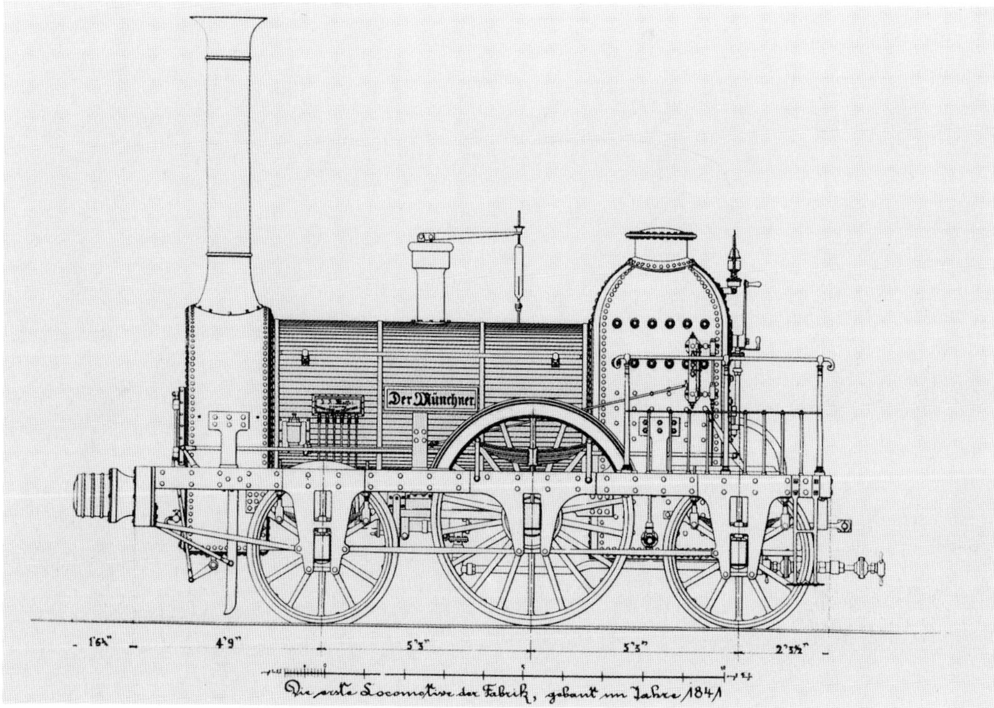

Abb. 28: »Der Münchner« – die erste in Bayern gebaute Lokomotive
Auf eigene Kosten hatte Joseph Anton von Maffei den Bau dieses »inländischen Erstlings im Gebiete der großen Mechanik« gewagt. Bei Probefahrten erzielte die Lokomotive eine Spitzengeschwindigkeit von 59 Stundenkilometern. Dennoch erfüllten sich Maffeis Hoffnungen auf einen raschen Verkauf nicht. Dem »Münchner« mangelte es an der technischen Novität der »beliebig verstellbaren Expansion«, deren energiesparender Wirkung man große Bedeutung beimaß. Als der »Münchner« 1845 schließlich doch angekauft wurde, sollten dadurch Maffeis Verdienste um die »Einführung des praktischen Lokomotivbaus« anerkannt werden. Inzwischen hatte er nämlich durch die Lieferung von acht Lokomotiven neuer Baureihe an die Kgl. Bayerischen Staatsbahnen die Leistungs- und Wettbewerbsfähigkeit seines Unternehmens hervorragend unter Beweis gestellt.

13. November 1839, als die »Allerhöchsten Herrschaften« König Ludwig I., Königin Therese und Prinz Luitpold erstmals auf der Bahn bis Olching fuhren. Erinnert sei vor allem aber an den 4. Oktober 1840, an dem – wie bereits dargestellt – die Gesamtstrecke nach Augsburg offiziell eröffnet wurde:

»Schon seit einigen Tagen war der Bahnhof mit Fahnen, Kranzgewinden und den vereinten Wappen von München–Augsburg festlich und geschmackvoll geziert worden. Eine ungewöhnliche Menschenmenge drängte sich vor der Abfahrtsstunde in freudiger Bewegung zu den Kassen und Wartsälen; eine noch größere sammelte sich rings auf der Wiese, um den ersten Wagenzug zu erschauen, der bald nach 8 Uhr unter allgemeinem Jubel dem Bahnhof entrollte.«[4]

Diesem Tag – einem Meilenstein in dem »gewaltigen Streben nach Entfesselung des Verkehrs« – folgte ein Jahr später

Abb. 29: Die »Montierungswerkstätte« der Maffeischen Maschinenfabrik in der Hirschau, um 1850
»So wie dieses Eisenwerk gegenwärtig besteht«, schreibt ein zeitgenössischer Berichterstatter in der Leipziger »Illustrirten Zeitung«, »ist es schon vollständig eingerichtet zur Anfertigung nicht nur von Lokomotiven, sondern auch von stehenden Dampfmaschinen und Dampfbooten in jeder Größe, wie überhaupt von Maschinen aller Art. Die Montierungswerkstätte dient zur Zusammenpassung aller Einzelteile zum Ganzen. Dieselbe hat für zehn gleichzeitig in Arbeit befindliche Lokomotiven hinlänglichen Raum. In der Mitte dieses Lokals ist eine Drehscheibe angebracht.«

Abb. 30: Auf der frohen Fahrt begriffen
Der Zeichner und Lithograph Gustav Kraus (1804–1852) hat uns mit seinem Werk eine überaus anschauliche Bilderchronik Bayerns in der Biedermeierzeit hinterlassen. Zahlreiche Blätter sind – wie die abgebildete Lithographie aus dem Jahr 1840 – der Revolutionierung des Verkehrs durch die Dampfkraft gewidmet. Im Hintergrund die Stadtsilhouette von München.

ein anderes, für Münchens Wirtschaft in frühindustrieller Zeit bedeutsames Ereignis, nämlich die Vollendung der ersten in Bayern hergestellten Lokomotive und deren Transport »nach dem Eisenbahnhofe« zur Probefahrt.
Joseph Anton von Maffei hatte 1837 den Vorsitz des Direktoriums der München-Augsburger-Eisenbahngesellschaft übernommen und wenig später »den ebenso patriotischen als ersprießlichen Entschluß« gefaßt, »die zum Eisenbahnbetriebe nöthigen Materialien und Maschinen, namentlich auch Dampfwägen«[5] selbst herzustellen. Das erforderliche technische Know-how brachte der Engländer Joseph Hall ein, den Maffei als »Superintendenten« der Eisenbahngesellschaft näher kennengelernt und bald darauf für die Verwirklichung des Lokomotivbaus im eigenen Unternehmen unter Kontrakt genommen hatte.
Am 7. Oktober 1841 war es schließlich soweit: Der unter Leitung Halls nach englischem Vorbild gebaute »Münchner« konnte vom Maffeischen Eisenwerk in der Hirschau zum Marsfeld gebracht werden. »Die stattliche Maschine wurde von zehn Pferden gezogen und war aufs Schönste mit Blumen und Girlanden geschmückt. Zu beiden Seiten derselben gingen die bei ihrem Bau beschäftigt gewesenen Arbeiter, gegen hundert an der Zahl, und Scharen von Neugierigen begleiteten das kunstvolle Werk«[6] auf seinem Wege zum Bahnhof.
Wenige Tage später, am 13. Oktober, versammelten sich hier Vertreter der höchsten Staatsbehörden, Mitglieder des Stadtmagistrats und zahlreiche berühmte Persönlichkeiten aus Wissenschaft und Kunst – wie Leo von Klenze, Friedrich von Gärtner und Carl von Steinheil –, um an der ersten offiziellen Probefahrt teilzunehmen, die bis nach Lochhausen führte.
Nach diesen Höhepunkten aus der kurzen Geschichte des Bahnhofsprovisoriums nun aber noch ein Blick in die Welt des Alltags mit seinen vielfältigen, durch die weite Entfernung des Bahnhofs von der Stadt bedingten Schwierigkeiten.
Zwar hatte das Direktorium der Eisenbahngesellschaft ab März 1841 eine Verbindung mit Pferde-Omnibussen vom Max-Joseph-Platz und regelmäßige Stellwagenfahrten vom Schrannenplatz – dem heutigen Marienplatz – sowie von Hofgarten und Isartor zum Stationsgebäude eingerichtet, doch warf die Verkehrssituation unmittelbar vor dem Bahnhof große Probleme auf: Da gab es »Fiakerknechte«, die sich so manche »Zudringlichkeit gegen die Passagiere« zuschulden kommen ließen, um diese »zum Einsitzen in die Wägen« zu nötigen. Da rief »das beliebige Aufstellen der Omnibus- und Fiakerwägen« nachhaltige wechselweise Behinderung hervor, denn – so ein Bericht der Kgl. Gendarmerie – »die Fiaker umstellen die dem Bahnhof zunächst stehenden Omnibusse in der Art, daß die selben, wenn sie auch endlich besetzt werden, nicht eher wegfahren können, bis die außer ihnen, nächst und auf der Straße haltenden Fiakerwägen abgefahren sind oder freiwillig Platz machen wollen. Nicht minder belästigend ist dies«, wie der Bericht fortfährt, »für jene Fremden, welche zu Fuß in die Stadt gehen, denn ihnen bleibt, um auf die Straße zu gelangen, nichts anderes übrig, als die endliche Abfahrt der Wägen geduldig abzuwarten, oder sich durch die Wagenburg durchzuwinden; jedenfalls aber müssen sie durch den Straßenkoth waden, der bey übler Witterung ohnehin schon häufig vorhanden, durch das An- und Abfahren sowie durch das Halten der Wägen vor dem Bahnhofe, nothwendig noch ärger wird.«[7]
Unzufrieden waren auch Münchens Kaufleute und Gewerbetreibende, denen aufgrund der Lage des Bahnhofs die »große Beschwernis« erwuchs, »daß sie für den Export ihrer Frachtgüter von und zu diesem Bahnhofe beinahe die Hälfte soviel zahlen mußten, als ihnen der Transport ihres Frachtgutes von München nach Augsburg auf der Bahn kostete«[8].
Zu den Klagen über die Lage des Stationsgebäudes gesellten sich auch Bedenken gegen dessen primitive, der Hauptstadt des Königreichs wenig angemessene Bauart.

»Am Galgenberg beim Marsfeld draus
Steht a großes Bretterhaus.
I hab die Hütten a net kennt,
Die Leut, die haben's Bahnhof g'nennt.«[9]

In diesen Zeilen aus dem Liederheft eines bayerischen Grenzaufsehers spiegelt sich deutlich der Eindruck wider, den das Gebäude beim auswärtigen Besucher hervorrief. Immer dringender wurde deshalb der Wunsch nach einem günstiger gelegenen, »endgültigen« Bahnhof.

Abb. 31: Der Brand auf dem Marsfeld am 4. April 1847

Das aus unbekannter Ursache ausgebrochene Feuer vernichtete in kurzer Zeit den Bahnhof und dessen Nebengebäude. Wie die Münchner Stadtchronik berichtet, konnte alle angewandte Hilfe den Flammen keinen Einhalt gebieten. Sie »wütheten fort und drohte bey dem heftigen Westwinde auch dem Pschorr'schen Sommerkeller, dessen Stacketenzaun halb abbrannte, die größte Gefahr. Leider ging auch eine nicht unbedeutende Quantität Getreide, welches zum Weitertransporte in dem Bahnhofe eingelagert war, zu Grunde. Es war bey der Theuerung aller Fruchtgattungen ein wirklich trauriger Anblick, eine Masse des schönsten Waizens (...) so gänzlich verdorben zu sehen.«

Die Voraussetzungen dafür waren um 1845 wesentlich besser als in den Anfangsjahren des Münchner Eisenbahnbetriebs. Inzwischen war nämlich der Eisenbahnbau – nach dem Herzogtum Braunschweig und dem Großherzogtum Baden – auch in Bayern zur erklärten Sache des Staates geworden. Seit 1841 baute man an der ersten bayerischen Staatsbahn, der Ludwig-Süd-Nord-Bahn von Lindau nach Hof, die gemäß Staatsvertrag mit dem Königreich Sachsen und dem Herzogtum Sachsen-Altenburg bis Leipzig fortgeführt werden sollte. 1844 – im selben Jahr, als die erste Teilstrecke dieses Großprojekts von Nürnberg nach Bamberg eröffnet wurde – übernahm der bayerische Staat auch die Privatbahn München–Augsburg in sein Eigentum. Damit war zugleich der Bahnhofsbau – ursprünglich Angelegenheit der privaten Eisenbahngesellschaft – zu einer staatlichen Aufgabe geworden, an der Ludwig I. regen Anteil nahm. Es war für den König klar, daß der künftige »Centralbahnhof« seiner Residenzstadt eine neue Dominante im Stadtbild Münchens schaffen sollte und anderen Bahnhöfen – vor allem dem 1844 errichteten ersten bayerischen Staatsbahnhof in Nürnberg – nicht nachstehen durfte.
Die Planungen waren – wie im Detail noch zu zeigen sein wird – weit gediehen und das Areal der Schießstätte vor dem Karlstor, der heutige Standort des Hauptbahnhofs, zum Bauplatz bestimmt worden, als ein Ereignis eintrat, das die raschest mögliche Realisierung des Bauprojekts unumgänglich machte: Am 4. April – dem Ostersonntag – des Jahres 1847 brach mittags bei starkem Wind und Schneetreiben im Marsfeld-Provisorium ein Brand aus und vernichtete »binnen einer kleinen Stunde« die Betriebslokale, die Einsteighalle und den Wagenschuppen, wobei auch sechs Wagen und dreihundert Scheffel Weizen verbrannten. Gerettet wurden die Remise für die Lokomotiven und das Torfmagazin. Die Ursache für den Ausbruch des Feuers ist nie geklärt worden – und niemand hat dem ersten Münchner Bahnhof nachgetrauert.
Bereits am 5. April entschied der König auf die Nachricht vom Brand hin: »Kein unnötiger Aufwand soll gemacht werden; nur für die Zeit, bis der neue Bahnhof, der gemauerte, zu öffnen ist, werde nothdürftig der hölzerne aufgeführt, aber sicher muß er seyn.«[10]
Mit einer Interimslösung auf dem Marsfeld überbrückte man die nächsten Monate. Die Hoffnung allerdings, daß der neue Bahnhof bis zum Winter desselben Jahres im Rohbau fertig wäre und der Betrieb hierher verlegt werden könnte, erwies sich als trügerisch.
Um den Verkehr dennoch weiter aufrechtzuerhalten, wurden die Gleise vom Marsfeld stadtwärts verlängert und im inzwischen erworbenen Schießhaus der Kgl. Privilegierten Hauptschützengesellschaft behelfsmäßige Betriebs- und Empfangsräumlichkeiten eingerichtet. Als am 15. November 1847 von hier aus der Verkehr aufgenommen wurde, schloß damit das allererste Kapitel der Münchner Bahnhofsgeschichte.

Der neue Centralbahnhof Friedrich Bürkleins

»Wie noch vor nicht ferner Zeit die Eisenbahnen selbst unbekannt waren, so« – schreibt die Leipziger »Illustrirte Zeitung« 1851 – »auch die Aufgaben für die architectonischen Formen der hierzu nöthigen Hochbauten. Typische Grundformen für Kirchen, Paläste, Villen, Theater etc. sind schon zahllose Generationen hindurch gedacht, geübt, geschaffen; für Eisenbahnhochbauten hingegen war alles erst aus dem Bedürfnisse herauszubilden.«[1]
Seit 1845 war man damit befaßt, diese schwierige Aufgabe in einer der Haupt- und Residenzstadt angemessenen Weise zu lösen. Der Brand auf dem Marsfeld im April 1847 erhöhte zwar den zeitlichen Druck für eine endgültige Verwirklichung des Bauprojekts, schuf jedoch keine grundsätzlich neue Situation. Die wichtigsten Entscheidungen für den Neubau waren bereits gefallen. In den Diskussionen um den am besten geeigneten Standort hatte Ludwig I. zunächst der Marsfeldhöhe den Vorzug gegeben. Der Architekt Friedrich von Gärtner, der als Nachfolger Leo von Klenzes beim König in hohem Ansehen stand, favorisierte hingegen das Gelände der Schießstätte vor dem Karlstor – nicht nur wegen der aus damaliger Sicht günstigeren Lage, sondern auch »wegen der wesentlichen Verschönerung der Stadt und der Möglichkeit einer Gleisverbindung der Salzstädel mit dem Bahnhofe zum Salztransport«.[2] Ludwig I. schloß sich schließlich Gärtners Urteil an, zumal sich auch die damit verbundenen Mehrkosten in vertretbaren Grenzen hielten. Als der König am 7. Februar 1847 die Schießstätte definitiv zum Bauplatz für den neuen Bahnhof bestimmte, traf er damit eine bis in die Gegenwart wirksam gebliebene Entscheidung.
Ergänzend verfügte der König am 21. Februar in der ihm eigenen Diktion: »Diejenigen Bäume, welche zu entfernen (des Bahnhofs, Anm. d. Verf.) Erbauung notwendig macht, dürfen nicht umgehauen, sondern ausgehoben werden, (um, Anm. d. Verf.) sie zu versetzen«[3] – eine modern anmutende Auflage, der so mancher alte Kastanienbaum seinen neuen Standort vor dem Wittelsbacherpalais verdankte.
Mit der Schießstätte der 1406 gegründeten Kgl. privilegierten Hauptschützen-

Abb. 32: Die Schießstätte der Kgl. privilegierten Hauptschützengesellschaft, um 1845
»Es ist nicht zu leugnen, die alte Schießstätte war als Wirtschaft ein lebendiger amüsanter Ort. Um sie herum standen zahlreiche Bretterhütten und Salettl, diese wurden wieder eingefaßt von kleinen Gärtchen, welche einige bekannte Familien während der schönen Jahreszeit miteinander gemietet und dieselben als Villegiaturen außerordentlich liebgewonnen hatten.« So mancher Münchner war deshalb dem neuen Bahnhof gram, dem »all diese Herrlichkeiten« weichen mußten. Den heimatlos gewordenen Schützen errichtete Friedrich Bürklein 1852 eine neue Schießstätte an der Theresienhöhe. Die Erinnerung an den traditionsreichen Standort vor dem Karlstor lebt noch in der Bezeichnung »Schützenstraße« fort.

gesellschaft fiel »ein theures Stück Münchener Vergangenheit« dem neuangebrochenen Zeitalter des Dampfes zum Opfer. Es war – wie Ernst von Destouches schreibt – »die Stätte, die so oft zum Schauplatz froher Festlichkeiten ausersehen worden war, auf der die bayerischen Fürsten hin und wieder gern zugesprochen und selber mit der Büchse manch herrlichen Treffschuß gemacht hatten; es war der Lieblingsaufenthalt der Münchener, die hier unter den herrlichen schattigen Kastanien- und Lindenbäumen mit Weib und Kind ihre Sonntags-Nachmittage verbrachten und es sich freilich damals nicht träumen ließen, daß die Stelle, wo sie gemüthlich beim frischen Trunke saßen, wenige Dezennien später eine der Hauptstationen der europäischen Weltstraße werden sollte.«[4]

Mit Vertrag vom 3. Mai 1847 wurde die Schießstätte »hypothekenfrei um die Summa von 150.000 Gulden an den Staat resp. an die Generalverwaltung der Kgl. Eisenbahnen verkauft«. Zuvor hatte man noch ein Abschiedsfest gefeiert, an dem 125 Schützen teilnahmen: »An den Schützensträußchen flatterten schwarze Bänder als Zeichen der Trauer, den letzten Schuß machte Paul Probst.« Dann schlossen sich »die allen Schützen, ja allen Münchenern liebgewordenen Räume«. Umgestaltet zu einem Behelfsbahnhof, sollten sie sich allerdings, wie bereits erwähnt, im Herbst desselben Jahres noch einmal öffnen – um dem reisenden Publikum als Warteräume und den Bahnbeamten als Büros zu dienen, bis der Neubau herangewachsen war.

Abb. 33: Friedrich Bürklein (1813–1872)
Das Großprojekt des Centralbahnhofs wurde zum entscheidenden Wendepunkt in Bürkleins Leben. Maximilian II. – seit 1848 in der Nachfolge Ludwigs I. bayerischer König – fand außerordentlichen Gefallen an diesem Bau. Er bewilligte Bürklein nicht nur eine Gratifikation von 500 Gulden, sondern sah in ihm auch den zukünftigen Architekten für die Verwirklichung eigener Pläne. Mit dem Maximilianeum und seinen Bauten an der Maximilianstraße hat Bürklein in der Folgezeit das architektonische Erscheinungsbild Münchens maßgeblich mitgeprägt. Dennoch blieb er dem Eisenbahnhochbau bis an sein Lebensende verbunden.

Bei einem so repräsentativen Bauvorhaben wie dem Centralbahnhof der Kgl. Bayerischen Haupt- und Residenzstadt war neben der Wahl des Standorts naturgemäß die Frage der architektonischen Gestaltung von herausragender Bedeutung.

Im Oktober 1845 – ein Jahr, nachdem die bisher einzige von München ausgehende Bahnlinie nach Augsburg in Staatseigentum übergegangen war – wurde Eduard Rüber beauftragt, die Hochbauten für einen neuen und »endgültigen« Münchner Bahnhof zu entwerfen, der zum damaligen Zeitpunkt noch für den Standort Marsfeld geplant war.[5] Rüber (1804–1874) hatte sich in diesem Metier bereits bewährt. Seit 1842 war er 1. Architekt bei der für den gesamten Staatsbahnbau eingerichteten Eisenbahnbau-Commission in Nürnberg. In dieser Eigenschaft befaßte er sich vor allem mit den Hochbauten der Ludwig-Süd-Nord-Bahn von Lindau nach Hof. Sein Hauptwerk war dabei der 1844 eröffnete, »im Style des Mittelalters« errichtete Staatsbahnhof in Nürnberg.

Im Spätherbst 1845 machte sich Rüber nun an die Planung des Münchner Bahnhofsgebäudes und fertigte bis Jahresende Skizzen sowie Kostenberechnungen.

Schon bald darauf – im April 1846 – trat jedoch eine organisatorische Änderung mit weitreichenden Folgen ein: Die Planung des hauptstädtischen Bahnhofs wurde der Eisenbahnbau-Commission Nürnberg entzogen und der Generalverwaltung der Kgl. Eisenbahnen übertragen. Diese setzte sich bezüglich der weiteren Maßnahmen mit dem »hochbewährten Baukünstler« Gärtner in Verbindung und beauftragte daraufhin im Juli 1846 dessen Schüler Friedrich Bürklein mit den Planungsarbeiten. Damit rückte jener Mann in den Mittelpunkt des Geschehens, dessen Name

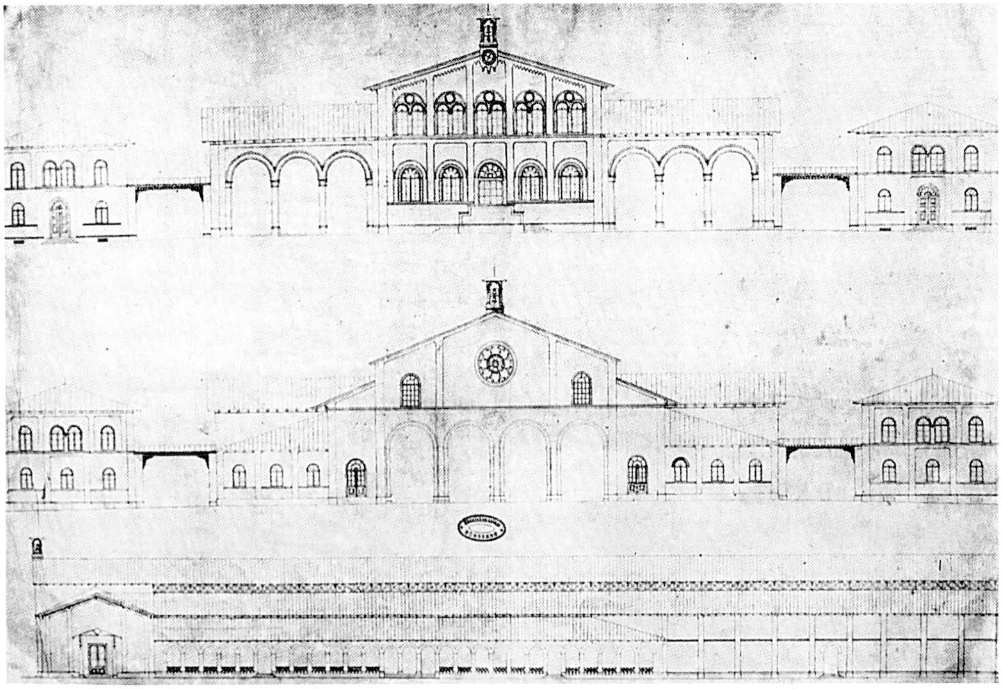

Abb. 34: Entwurf Bürkleins für den Centralbahnhof, Januar 1847
Dieser frühe Entwurf stellt in seinem oberen Teil die der Stadt zugewandte Fassade des Bahnhofs dar, den Bürklein als lockeres, dreigliedriges Gebäudeensemble konzipiert hat. Arkaden und Portalbauten verbinden den Mittelbau mit seitlichen Pavillons. Darunter die bahnseitige Fassade mit Fensterrosette. Die Anzahl der Torbögen macht deutlich, daß für die Einsteighalle zunächst nur vier Gleise vorgesehen waren.

mit der Baugeschichte des Münchner Centralbahnhofs untrennbar verbunden ist.
Bürklein, gebürtig aus Burk im Landkreis Dinkelsbühl, hatte während seiner Studien an der Akademie der bildenden Künste rasch die Aufmerksamkeit und Wertschätzung seines Lehrers gefunden und an Gärtners Seite als »Zivilbaupraktikant« erste berufliche Erfahrungen gesammelt. 1844 trat er – neben Eduard Rüber – als 2. Architekt in die Eisenbahnbau-Commission Nürnberg ein. Eine sechswöchige Bereisung der rheinischen und belgischen Bahnen bot ihm die Möglichkeit, »durch unmittelbare Anschauung mehrere Kenntnis über die Stellung, Anordnung, Größe und Einrichtung der Bahnhof-Hochbauten fremder Bahnen« zu gewinnen. Verbunden war damit auch »eine Einsichtnahme der Einrichtungen auf einem Theile der französischen Bahnen«.[6] So war Bürklein gut gerüstet, als er das Münchner Bahnhofsprojekt in Angriff nahm, das den Höhepunkt seiner im Dienste der Eisenbahn stehenden ersten Schaffensperiode darstellt.
Schon von seinem Äußeren her faszinierte Bürkleins Schöpfung den zeitgenössischen Betrachter. Durch die »reizvolle Benutzung des Stils wie des Materials« war ein »gefälliges und heiteres Ganzes«[7] entstanden, das neue Akzente für den Bahnhofsbau setzte.
Bürklein hatte das der Stadt zugewandte Empfangsgebäude – auf der Grundlage eines Entwurfs Friedrich von Gärtners – dreifach gegliedert: Der Mittelbau mit beherrschender Fensterrosette und vorgelagerter Arkadenhalle war flankiert von vorspringenden, zweigeschossigen Pavillonbauten, die für den Billettverkauf und den Bedarf der Post, aber auch für Beamtenwohnungen Verwendung fanden.
Hinsichtlich der architektonischen Gestaltung wählte Bürklein den sogenannten Rundbogenstil, der Elemente der Romanik und der italienischen Renaissance verband. Durch die Verkleidung der Mauerflächen mit rötlichen und gelblichen Backsteinen, durch maßvolle Verwendung von grauem Sandstein für Bogen und Gesimse sowie von weißem Jurakalkstein für die

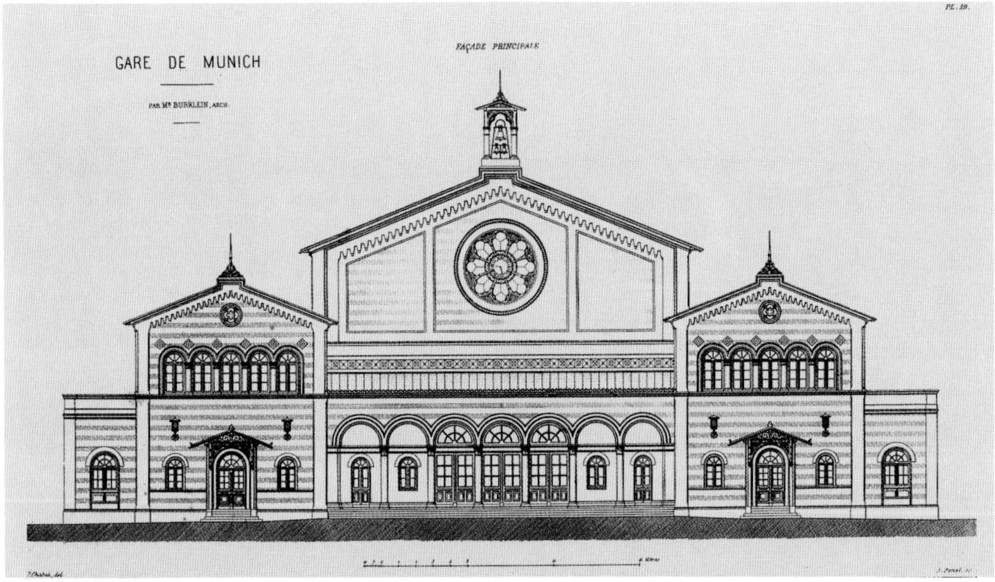

Abb. 35: Die Hauptfassade in ihrer endgültigen Gestaltung, September 1847
Im Unterschied zu Abb. 34 zeigt diese Ansicht einen wesentlich strafferen Baukomplex: Die seitlichen Pavillons sind unter Verzicht auf die ursprünglich vorgesehenen Arkaden unmittelbar an den Hauptbau herangerückt. Zugleich ist das Motiv der Fensterrosette nun auch für die Ostfassade übernommen worden. Diese entscheidenden Modifikationen sind auf Friedrich von Gärtner zurückzuführen, der zur Begutachtung des Bürkleinschen Entwurfs eingeschaltet worden war und mit seiner Alternative am 8. März 1847 die allerhöchste Zustimmung gefunden hatte.

Säulen der Vorhalle erreichte er eine »prächtige Farbenharmonie«. »Sparsam in seinen Profilierungen, wirksam durch große ruhige Flächen, bedeutsam durch die Solidität seines Materials«[8] – so präsentierte sich der Bahnhof in seinem äußeren Erscheinungsbild.

Einen noch stärkeren Eindruck rief jedoch die »Kühnheit und Originalität« der Einsteighalle hervor, die als erstes großes Bauwerk der technisch-industriellen Ära in München gilt. Halbtonnenförmig im Querschnitt, rund 110 Meter lang, 29 Meter breit und im Zenit knapp 20 Meter hoch, überspannte sie stützenfrei fünf Gleise. Ihr konstruktives Gerüst bildeten 24 hölzerne halbkreisförmige Bogenbinder, auf denen tangential das zinkgedeckte Satteldach aufgesetzt wurde.

Die Ausführung der Holzarbeiten war dem Münchner Zimmermeister Michael Reifenstuel anvertraut, einem hervorragenden Fachmann auf diesem Gebiet, der unter anderem auch die Dachstühle der Staatsbibliothek, der Universität und des Wittelsbacherpalais sowie die hölzerne Reichenbachbrücke ausgeführt hatte. Aufgrund ihrer gewaltigen Abmessungen mußten die Bogenbinder für den Centralbahnhof auf Reifenstuels Werkplatz an der Baumstraße in zwei Hälften konstruiert und dann an ihrem endgültigen Bestimmungsort jeweils im Scheitelpunkt verbunden werden. »Der Transport zur Baustelle, noch mehr aber die Aufstellung dieser Bohlbögen bot ein ungewöhnliches Interesse, das immer zahlreiche Zuschauer anzog.«

Abb. 36: Das Empfangsgebäude des Centralbahnhofs nach seiner Vollendung, um 1850
»Großartige Eleganz und Zweckmäßigkeit« zeichneten den neuen Centralbahnhof aus. Durch die Arkadenvorhalle, die große Fensterrosette und das aufgesetzte Glockentürmchen war die dreigliedrige Hauptfassade einer Kirchenfront basilikalen Typs nicht unähnlich. »Zur Erzielung größtmöglicher Solidität waren sämtliche Außenwände des Gebäudes mit besonders hartgebrannten Backsteinen verkleidet – eine Verkleidung, welche erst nach erfolgtem Setzen der Mauer stattgefunden und jeglichen Putz im Freien vermeiden ließ.«

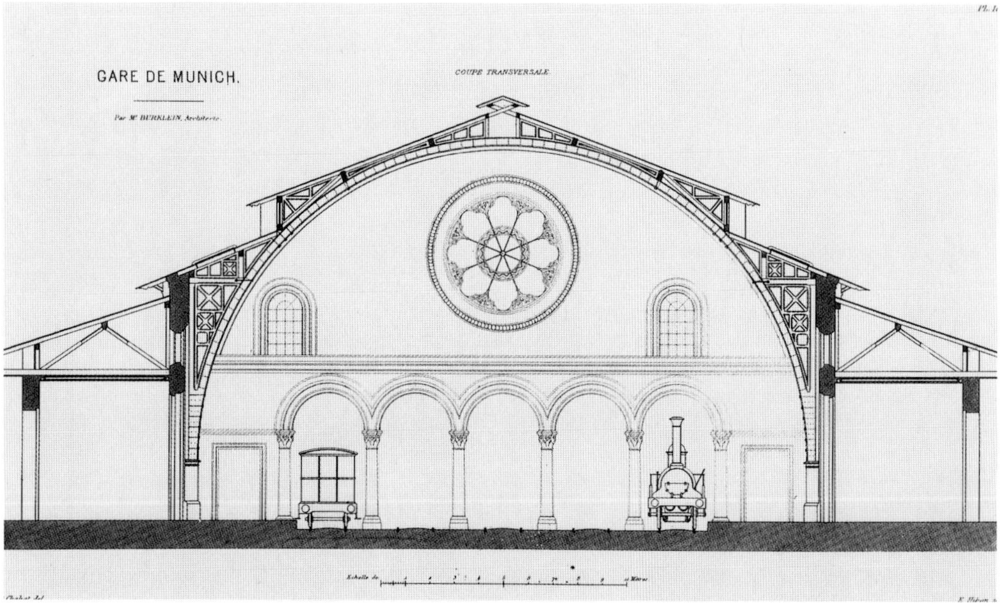

Abb. 37: Querschnitt durch die Einsteighalle
Bürklein lehnte sich beim Bau der Halle an das im 17. Jahrhundert von Philibert de l'Orme entwickelte Konstruktionsprinzip an. Bedenken der Obersten Baubehörde hinsichtlich der Haltbarkeit konnte er wirksam widerlegen. Eine große Fensterrosette sowie fünf Torbögen für die Durchführung der Gleise prägten das Bild der westlichen Hallenabschlußwand.

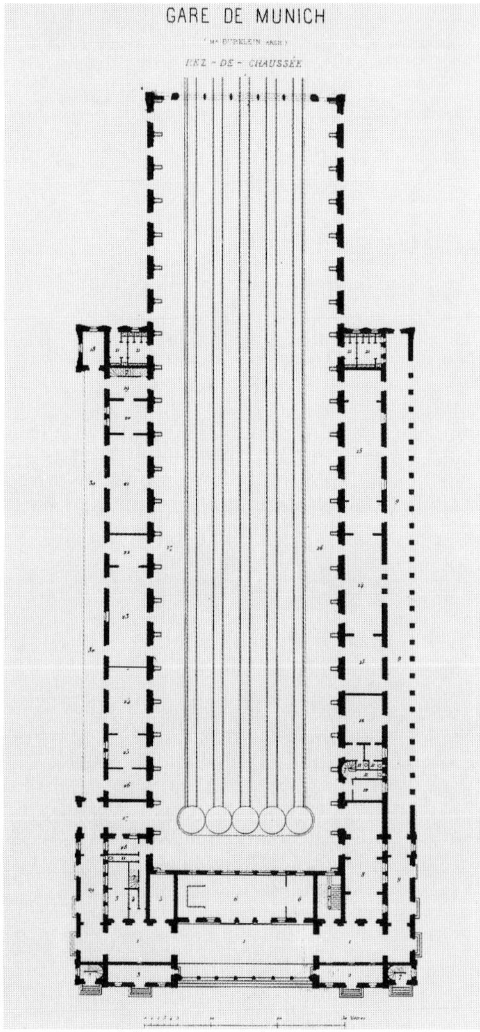

Abb. 38: Grundriß des Centralbahnhofs
Von der Arkadenvorhalle aus gelangte man rechts zum Billettraum, links in die Büros der Post. Der Weg geradeaus führte in der Anfangszeit allerdings nicht – wie man vermuten würde – direkt weiter in die Einsteighalle, sondern in die Bahnhofsrestauration. Die darunter liegenden gewölbten Bierlokale nannte der Volksmund »Hades«. Der Zugang zu den Gleisen erfolgte bei Abfahrt über die an der Nordseite des Bahnhofs aufgereihten Wartesäle, die man über einen offenen Arkadengang erreichte. Die das südliche Pendant bildenden Räumlichkeiten dienten dem Ankunftsbetrieb. Die fünf Gleise waren an ihren Enden durch Drehscheiben verbunden.

Erst nach Abschluß dieser Arbeiten errichtete man das Dachgebälk und die Außenmauern. Am westlichen Hallenende öffneten sich – analog zur Anzahl der Gleise – fünf Torbögen, durch die die eisernen Schienen hinaus in die Ferne führten.
Manch einer mag sich fragen, warum Bürklein für seine Bahnhofshalle nicht Eisen als Baumaterial gewählt hat – eine Frage, die sich »durch die einfache Sachlage erledigte, daß nach vorgängigen angestellten Recherchen die hölzerne Construction zur Eisenconstruction wie 2 zu 5 bezüglich des Kostenpunktes sich verhalten haben würde«. Schon wenige Jahre später sollte jedoch der Eisenbau mit der Maximilians-Getreidehalle Carl Muffats (1851–1853) und dem Glaspalast August Voits (1854) auch in München seinen Siegeszug antreten.
Wenngleich Bürkleins Einsteighalle die dominierende Attraktion des neuen Centralbahnhofs war, verfügte dieser zusätzlich über eine Reihe technischer Details, die Aufsehen erregten.
Als erstes sei die weithin sichtbare, nachts beleuchtete Schlaguhr erwähnt.

Sie war ein Werk von Johann Mannhardt, der – geboren auf dem Einödhof Bürstling bei Gmund am Tegernsee – seit 1827 in München lebte und arbeitete.[9] Schon den Zeitgenossen galt er »als ein wahres mechanisches Universal-Genie«. Seine herausragenden Leistungen lagen in der Optimierung des Werkzeugmaschinen- sowie des Großuhrenbaus. Als er die Uhr für den Münchner Bahnhof schuf, hatte er für in- und ausländische Auftraggeber bereits rund 200 Turmuhren gebaut und damit zum Ruf der »Kunststadt« München auch als einer Wiege technischer Kultur beigetragen – in ähnlicher Weise wie etwa Alois Senefelder, Georg von Reichenbach und Joseph von Fraunhofer, die Pioniere auf den Gebieten der Lithographie, der Feinmechanik und Optik.
»Herzstück« von Mannhardts Bahnhofsuhr war ein zentrales Uhrwerk, das über ein rund 450 Fuß (ca. 130 Meter, Anm. d. Verf.) langes Gestänge die Zeigerbewegungen an zahlreichen dezentral angeordneten Zifferblättern steuerte. Ob an der Hauptfront des Bahnhofs, ob in den Wartesälen, der Restauration oder der Einsteighalle – mühelos konnte sich der Reisende über den Stand der Zeit unterrichten, dessen präzise Kenntnis zu einer neuen, die industrielle Lebenswelt charakterisierenden Notwendigkeit geworden war.
Neben dem »Stadtuhrmacher und Mechanikus« Mannhardt bot die Ausstattung des Centralbahnhofs aber auch dem nachmals berühmten Begründer der experimentellen Hygiene in

Abb. 39: Die Einsteighalle des Centralbahnhofs, um 1850
Bürkleins kühn konstruierte hölzerne Einsteighalle zählt zu den herausragenden Ingenieurleistungen vor der Einführung des Eisenbaus. Über die Herstellung der 24 Halbkreis-Bogenbinder in der Werkstätte Michael Reifenstuels berichtet die 1854 erschienene Publikation »Das Königreich Bayern in seinen altertümlichen, geschichtlichen, artistischen und malerischen Schönheiten« folgendes: »Der Kern jedes einzelnen Bogens ist aus 140 einzelnen fichtenen Brettstückchen construirt, die aufeinander gekittet und überdieß mit starken eisernen Nägeln genagelt sind. Umkleidet sind diese Bogen mit halbzölligen Brettstückchen aus Lärchenholz, ebenfalls gekittet und genagelt, so daß im ganzen für einen einzelnen Bogen mehr als tausend Brettstücke und gegen 10.000 Nägel treffen.« Die Rippenbögen selbst sowie die Holzfüllungen der Zwickel waren mit mehrfarbigen Ornamenten bemalt.

Mitteleuropa, Max von Pettenkofer, Gelegenheit, eine seiner technischen Entdeckungen – die Beleuchtung mittels Holzgas – in die Praxis umzusetzen.
Schon um 1815 hatte der vielseitige Erfinder und Vorkämpfer des Eisenbahnwesens, Joseph Ritter von Baader, Versuche auf dem Gebiet der Gasbeleuchtung unternommen. Ermuntert durch die Ergebnisse seiner Experimente, hielt er es »für keine Kunst mehr, diese nun auch im Großen auszuführen«. Es sollte jedoch bis 1850 dauern,

Abb. 40: Geschäftskarte der Münchner Maschinen- & Turmuhrenfabrik J.Mannhardt, um 1860
Johann Mannhardt (1798–1878) hat den Großuhrenbau revolutioniert. Schon um 1850 galten seine »zeitmessenden Maschinen« als unüberbietbarer »Triumph technischen Scharfsinns und mechanischer Kombinationsgabe«. Dennoch konnte er nur als »Universalmechaniker« wirtschaftlich überleben. So umfaßte seine Produktpalette um 1860 auch Steinschneidemaschinen, hydraulische Pressen, Hammer-Walzwerke, Schokolade-Reibmaschinen und vieles andere mehr.

ehe die private »Gasbeleuchtungs-Gesellschaft zu München« an der Thalkirchner Straße ihre erste Gasfabrik eröffnete. Der Betrieb erwies sich allerdings zunächst als wenig rentabel. Die Beschaffung des benötigten Rohmaterials bereitete große Schwierigkeiten, da die Qualität der oberbayerischen Kohle nicht ausreichte und zusätzlich teure Steinkohle herangeschafft werden mußte. So riefen Pettenkofers Versuche, Leuchtgas aus harzreichem Holz herzu-

stellen, großes Interesse hervor.
Am 17. Juli 1849 schlug er der Staatsbahnverwaltung vor, den neuen Centralbahnhof mittels Holzgas zu illuminieren. 156 Flammen waren für Einsteighalle, Wartesäle und Restauration, weitere 100 Flammen für Remisen und Werkstätten vorgesehen. Nach langen Verhandlungen kam am 22. Mai 1850 ein Vertrag zustande, demzufolge Pettenkofer auf eigene Kosten die erforderliche Gasfabrik einrichten sollte – gegen Gewährung eines Vorschusses von 4 000 Gulden und Vergütung von fünf Gulden für je 1 000 Kubikfuß (= 25 Kubikmeter, Anm. d. Verf.) Gas.[10]
Nach einem ersten mißglückten Experiment war es am 19. März 1851 schließlich soweit: Pettenkofers Leuchtgas verbreitete im gesamten Bahnhofsareal »herrliches, geruchloses Licht«.
Die hier installierte kleine Holzgasanstalt wirkte als Initialzündung für die rasche Verbreitung dieser Beleuchtungsart in ganz Bayern. Als jedoch mit der Ausweitung des Eisenbahnnetzes und der Reduzierung der Frachtsätze für Massengüter auch der Preis für Steinkohle stark zurückging, fand das Intermezzo der Holzgasbeleuchtung sein Ende.
Betrachtet man die technischen Novitäten des Centralbahnhofs, so darf dabei die Perkinsche Heißwasserheizung nicht fehlen, die »sämmtliche Localitäten« erwärmte und »die Mühewaltung für 60 im Winter täglich zu bedienende Öfen ersparte«. Ein zeitgenössischer Berichterstatter beschreibt die Wirkungsweise folgendermaßen: »In einem System endloser, ein Zoll Durchmesser

Abb. 41: Max von Pettenkofer (1818–1901)
1847 wurde Pettenkofer, der aus Lichtheim bei Neuburg an der Donau stammte, Professor der medizinischen Chemie und 1865 erster Ordinarius für Hygiene in München. Durch die Einführung der Schwemmkanalisation, durch den Bau einer zentralen Wasserversorgung und die Einrichtung eines Zentralschlachthofs in München schuf er die Grundlagen für eine umfassende Stadtsanierung und kämpfte damit erfolgreich gegen Cholera und Typhus an. Zu seinen vielseitigen Forschungsergebnissen zählt auch die Entwicklung der Holzgasbeleuchtung, die er am Centralbahnhof erstmals erfolgreich in die Praxis umgesetzt hat.

starker, eiserner Röhren wird so streng Wasser gepumpt, daß schlechterdings keine Luftzwischenräume mehr bestehen. Allein die Röhrenleitung für die Wartesäle hat eine Länge von 1.300 Fuß (= 377 Meter, Anm. d. Verf.). Der vierte Teil dieser Röhrenlänge, als eine Spirale zusammengerollt, befindet sich in einem im Souterrain aufgemauerten Heizofen mit je einem Kamin. So sind für jede Gruppe von Räumlichkeiten im ganzen neun Apparate aufgestellt. Die Röhrenleitungen in den Zimmern liegen meist versenkt in den Fußböden oder ziehen sich auf dem Fußsockel längs den Wänden hin. Dabei lassen sich Wohnräume auf 16 bis 18 Grad Réaumur (= 20 bis 22,5 Grad Celsius, Anm. d. Verf.), die Warte- und Restaurationslokale auf 14 bis 16 Grad (= 17,5 bis 20 Grad Celsius, Anm. d. Verf.) erwärmen.«[11]
Licht und Wärme – keine Selbstverständlichkeit zu damaliger Zeit – fanden das »allgemeine Wohlwollen der Reisenden«. Sie bewirkten jedoch noch ein Problem besonderer Art – nämlich den »Andrang des nichtreisenden Publicums in die Wartesäle«. So sah man sich veranlaßt, die königliche Polizeidirektion einzuschalten, die für unbefugten Eintritt 30 Kreuzer Strafe verhängte.[12]
Am 1. Oktober 1849 wurde Bürkleins Centralbahnhof eröffnet. »Von dem Einsetzen des ersten Grabscheites für die Fundamentalgrube angefangen bis zur Übergabe an den Betrieb hatte dieses Bauwerk« – wie die Leipziger »Illustrirte Zeitung« berichtet – »mit seinen riesigen und außergewöhnlichen Constructionen nur eine Bauzeit von zwei Jahren zwei Monaten in Anspruch genommen.« Es bot fortan »dem Fremdling ein freundliches Willkomm« und zeigte ihm an, »daß er in der Stadt der Künste mit ihren mannigfachen Kunstschöpfungen« angekommen war.

»Es saust das Dampfroß rings durchs Land«

Der Ausbau des Streckennetzes 1850–1875

Mehr als ein Jahrzehnt lang blieb der »Schienenpfad« nach Augsburg die einzige von der Haupt- und Residenzstadt des Königreichs ausgehende Bahnlinie.
Nach 1850 änderte sich jedoch das Bild: Neue Baumaßnahmen folgten und ließen München allmählich in seine Rolle als zentraler Verkehrsknotenpunkt im südlichen Deutschland hineinwachsen. Dem ehemaligen Baudirektor der München-Augsburger-Eisenbahngesellschaft, Ulrich Himbsel, verdanken wir den »verlockenden Gedanken, das neue und bequeme Verkehrsmittel eines auf Gleisen rasch dahinrollenden Bahnwagens auch in den Dienst einer besseren Verbindung mit dem benachbarten, an Naturschönheiten so reichen Starnberger See zu stellen«.[1]

Abb. 42: Der 1854 erbaute Pasinger Bahnhof
Die Anbindung an die München–Augsburger Eisenbahnlinie hat Pasings Entwicklung entscheidend beeinflußt. Durch die von hier ausgehende Bahnlinie nach Starnberg war Pasing 1854 bereits wichtiger Verkehrsknotenpunkt. Im selben Jahr wurde der erste »festgefügte« Bahnhof errichtet, dem 1873 ein geräumiger Neubau folgte.

Tatkräftig ging Himbsel daran, diesen Plan zu verwirklichen. 1849 erhielt er die Konzession für den Bau der neuen Bahnlinie, die von der an der München–Augsburger Strecke gelegenen Station Pasing nach Süden in das »reich besiedelte Würmtal« führen sollte. Schwierig gestaltete sich zunächst die Finanzierung dieses Unternehmens. Der Versuch, dafür eine Aktiengesellschaft zu gründen, scheiterte. Erst als sich die Staatsbahnverwaltung 1853 bereit erklärte, die Bahn pachtweise in Betrieb zu nehmen, konnte Himbsel bei der Kgl. Bank in Nürnberg eine Anleihe aufnehmen und mit dem Bau beginnen. Bereits 1854 – im selben Jahr, als die Fortsetzung der München–Augsburger Bahn bis an die Grenze zum Königreich Württemberg vollendet war – fand die Eröffnung der Starnberger Linie statt. 1861 vom Staat käuflich erworben, erfreute sie sich beim »gebirgssinnigen Münchener Publikum« bald großer Beliebtheit, doch kam ihr naturgemäß vor allem regionale Bedeutung zu.
In europäischen Dimensionen hingegen dachte man seit der Jahrhundertmitte bei einem weiteren Bauvorhaben – nämlich der Schaffung einer Bahnverbindung von München über Rosenheim nach Salzburg. Pionier dieses Großprojekts war Joseph Anton von Maffei, der mit Tatkraft und Engagement schon die München-Augsburger-Eisenbahngesellschaft geleitet hatte. Auch diesmal setzte er auf die Leistungsfähigkeit und Leistungsbereitschaft des privaten Unternehmertums, zumal es eine Reihe von Gründen gab, die diese Baumaß-

nahme erfolgversprechend und gewinnträchtig erscheinen ließen:
Zum einen war es die erhoffte »Ergiebigkeit der Personen-Frequenz«[2] – sollte die vorgesehene Route doch »fast alle im bayerischen Oberlande gelegenen Plätze berühren, die vom Frühjahre an bis zum Spätherbste mit Vergnügungsreisenden und Badegästen angefüllt« waren. Zum anderen konnte in diesem »an Produkten verschiedenster Art unerschöpflichen Landesdistrikt« mit erheblichen Warentransporten gerechnet werden. Zum dritten schließlich sah man voraus, daß diese Bahnlinie »unausbleibliche Fortsetzungen« finden und sich damit zu einem bedeutenden Baustein im europäischen Schienennetz entwickeln würde. 1850 hatte Maffei »die landesherrliche Bewilligung zur Bildung eines Vereins für den Zweck des Baues und Betriebes vorgenannter Bahn«[3] erhalten. Allerdings sollte ihm persönlich »des Gelingens beseeligende Freude« nicht zuteil werden.
Am 21. Juni 1851 war nämlich zwischen Bayern und Österreich ein Vertrag abgeschlossen worden, der die Weiterführung der München–Salzburger Bahn auf österreichischem Territorium zum Gegenstand hatte. Die auf bayerischer Seite eingegangenen zeitlichen Verpflichtungen für die Fertigstellung der Hauptstrecke nach Salzburg sowie einer Abzweigung von Rosenheim nach Kufstein veranlaßten die Regierung 1852, das gesamte Bauvorhaben selbst in die Hand zu nehmen und auf Staatskosten durchzuführen.
1854 war der Streckenabschnitt von München nach dem »Belustigungsorte Hesselohe« fertiggestellt. Hier überquerte die Bahn das tief eingeschnittene Isartal. Über Holzkirchen weiterführend, erreichte sie 1857 erstmals Rosenheim, 1858 Kufstein und 1860 schließlich Salzburg.
Die »mit so allseitiger Begeisterung festlich begangene, mit so großartigen Hoffnungen freudigst begrüßte Eröffnung« der Gesamtstrecke München–Salzburg sowie der daran anschließenden k. k. privilegierten Kaiserin-Elisabeth-Bahn nach Wien am 12. August 1860 zählt zu den herausragenden Ereignissen in der europäischen Eisenbahngeschichte.
Dieser Tag war nicht nur ein »Triumph der Industrie«, sondern gestaltete sich durch die Anwesenheit des österreichischen Kaisers Franz Joseph und des bayerischen Königs Maximilian II. zum »großen Akt eines nationalen Verbrüderungsfestes zweier stammverwandter Völker«.
Nach einem festlichen Gottesdienst in

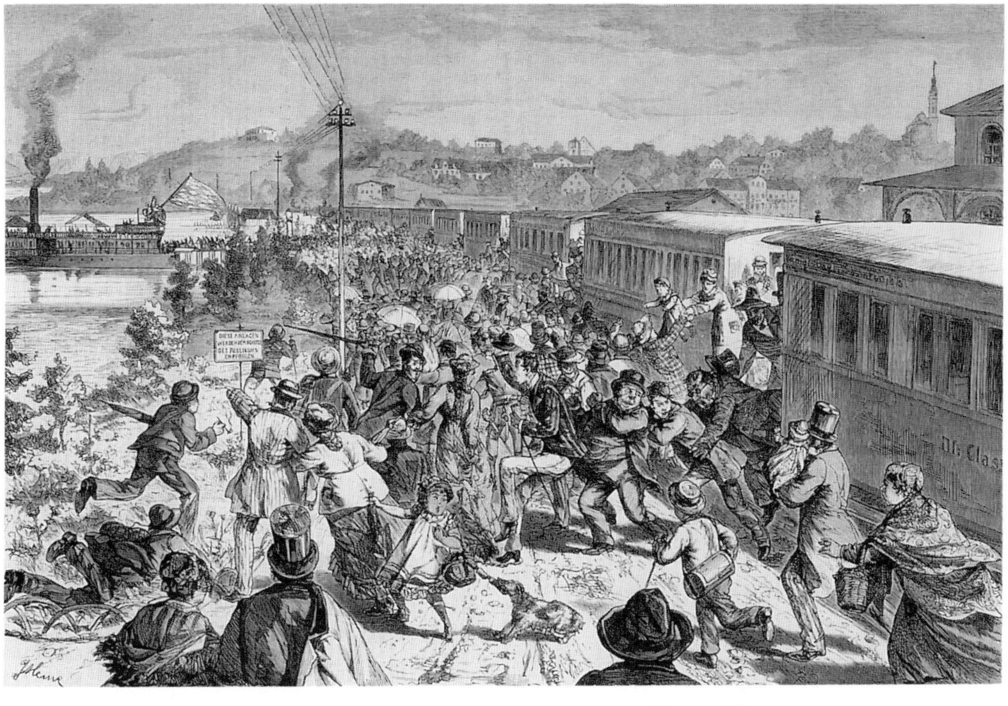

Abb. 43: Pfingstsonntag am Starnberger See, um 1880
Die Bahnlinie München–Starnberg erschloß der hauptstädtischen Bevölkerung neue Ausflugsziele und entwickelte sich rasch »zu einer der frequentesten im Personenverkehr«. 1865/66 wurde sie bis Penzberg sowie Unterpeißenberg fortgeführt und erlangte damit auch für den Kohletransport große Bedeutung.

Abb. 44: Einladungskarte zur Eröffnungsfeier der Eisenbahnlinie München–Salzburg–Wien, 12./13. August 1860
Diese von Moritz von Schwind entworfene Karte zeigt im oberen Bildteil den Münchner Centralbahnhof mit seinem 1859/1860 erweiterten Frontbau.

der Münchner Bahnhofshalle hatte sich Maximilian II. am frühen Morgen des 12. August mit großem Gefolge auf den Weg nach Salzburg gemacht, um dort mit dem von Wien aus anreisenden österreichischen Kaiser zusammenzutreffen:

»Hier eilet Austria zum frohen Gruße,
Dort reicht Bavaria die deutsche Hand.«[4]

»Glockengeläute, Kanonendonner und Pöllerschüsse« verkündeten die Ankunft der beiden Majestäten, die nach einem »Déjeuner dinatoire« gemeinsam die Fahrt nach München antraten.

Hier erwartete die Gäste eine vom Magistrat der bayerischen Haupt- und Residenzstadt veranstaltete, von der »Bürger-Sängerzunft« musikalisch umrahmte »Abendunterhaltung« im Rathaussaal. »In reichster Fülle war für

Abb. 45: Die Großhesseloher Brücke, um 1860
Eines der bahnbrechenden technischen Meisterwerke um die Mitte des 19. Jahrhunderts war die für die Bahnlinie München–Salzburg geschaffene und 1857 vollendete Isarbrücke bei Großhesselohe. Friedrich August von Pauli, Vorstand der Kgl. Eisenbahnbaukommission, entwickelte eigens hierfür ein neues Konstruktionsprinzip – den »Fischbauchträger«, der bei geringem Materialaufwand dennoch hervorragende Tragfähigkeit besaß.

einen Überfluß von kalter Küche, vorzüglichem Bier und Punsch gesorgt«, dem man »in ungezwungenster Laune und heiterstem Behagen bis spät nach Mitternacht«[5] zusprach. Tags darauf setzten sich die Feierlichkeiten mit einem Festbankett im Glaspalast, dem modernsten Repräsentationsbau des damaligen München, fort. Eine Gala-Aufführung von Webers »Oberon« im Kgl. Hof- und Nationaltheater beschloß die ereignisreichen Tage.
Mit der Inbetriebnahme der Strecke München–Salzburg–Wien war nun zugleich auch die durchgehende Eisenbahnverbindung von der Kaiserstadt an der Donau nach Paris »in allen Theilen vollendet und München ein integrierender Bestandtheil des Weltverkehrs auf dieser bedeutungsvollen Linie geworden«[6].

Abb. 46: Einladungskarte zur »Abendunterhaltung« im Münchner Rathaussaal, 12. August 1860
Am 12. und 13. August 1860 stand die bayerische Haupt- und Residenzstadt ganz im Zeichen der Feierlichkeiten anläßlich der Streckeneröffnung München–Salzburg–Wien. Erster Höhepunkt war die vom Stadtmagistrat veranstaltete, vom Ersten Bürgermeister Kaspar von Steinsdorf eröffnete Festveranstaltung im alten Rathaussaal.

Abb. 47: Segnung der Lokomotiven anläßlich der Eröffnung der Eisenbahnlinie München–Salzburg–Wien, 12. August 1860
Der Münchner Bahnhof prangte »im heitersten Festschmucke (...). Inmitten der Halle vor der Ausfahrt war unter hohem Baldachin ein Altar errichtet, zu beiden Seiten dagegen ein Thronhimmel für den König und für den Erzbischof Gregor, welcher die Feier celebrierte. Er segnete die Bahnstrecke, die heutigen und künftigen Reisenden, die Städte, welche sie berühre, die Güter, welche sie befördere. Inzwischen« – so fährt der Bericht der Leipziger »Illustrirten Zeitung« fort – »waren fünf mit Blumen und Festons geschmückte Lokomotiven nebeneinander unhörbar zu den Stufen des Altars herangekommen, um gleichfalls den kirchlichen Segen zu empfangen. Ein Gebet für den König beschloß die Feier.«

Parallel zum Bau der großen Ost-West-Achse hatte man aber noch ein anderes Projekt in Angriff genommen – nämlich die bahnmäßige Erschließung des nordöstlichen Bayern, die auch für München große Bedeutung erlangte. Sie brachte, wie noch zu zeigen sein wird, der Hauptstadt eine weitere wichtige Bahnlinie und dem kaum zehn Jahre alten Centralbahnhof Friedrich Bürkleins erste umfassende Erweiterungen.

Die Durchführung der in den Nordosten Bayerns ausgreifenden, »längst allgemein als dringendes Bedürfnis erachteten« Baumaßnahmen wurde der am 12. April 1856 konzessionierten »Kgl. privilegierten Aktiengesellschaft der bayerischen Ostbahnen« übertragen. In Gründung und Tätigkeit dieser Privatgesellschaft dokumentiert sich nachhaltig eine veränderte Einstellung zum Eisenbahnbau:

War dieser seit den frühen 1840er Jahren zur Sache des Staates erklärt worden, so erzwangen die damit einhergehenden finanziellen Belastungen um die Jahrhundertmitte ein partielles Umdenken. Die zusätzliche Einbindung privater Kapitalkraft wurde zum Gebot der Stunde, dem König Maximilian II. mit

Abb. 48: »Abendunterhaltung« im Münchner Rathaussaal, 12. August 1860
Ein »Ensemble von zauberhafter Wirkung« erwartete hier die Gäste. Nach den Ansprachen des Münchner sowie des Wiener Bürgermeisters begann – wie die Leipziger »Illustrirte Zeitung« berichtet – der »humoristische Theil« des Abends. »Das Signal dazu gab eine kleine Lokomotive, welche zum Saale hereinrollte, und sich als eine allerliebste Überraschung erwies. Der geöffneten Maschine entstieg ein kleines Mädchen in echt münchener Nationaltracht, um den Anwesenden einen poetischen Festgruß« zu überbringen. Diese Szene ist links im Bild festgehalten. Einen »andern Theil der Erheiterung übernahm Professor von Kobell durch Vortrag einiger seiner beliebtesten Gedichte in bayerischer Mundart, welche mit allgemeinstem Beifall aufgenommen wurden.«

Abb. 49: Gedenkblatt für Paul Camille von Denis, 1859
Paul Camille von Denis, einer der führenden deutschen Eisenbahningenieure, war 1856 bis 1866 Baudirektor der privaten Ostbahn-Gesellschaft. Als die auf nahezu 800 Kilometer Streckenlänge angewachsenen Ostbahnen 1875 verstaatlicht wurden, fand eines der erfolgreichsten Kapitel aus der Geschichte des privaten Eisenbahnbaus in Bayern sein Ende.

Abb. 50: Der Bau der Braunauer Eisenbahnbrücke, April 1869
Nach einer Aufnahme von Georg Böttger

Für den Bau der Eisenbahnlinien München–Rosenheim und München–Simbach/Braunau wurde zwischen dem Centralbahnhof und dem neuen Haidhauser Bahnhof die südlich um München führende »Gürtelbahn« angelegt. Zur Überquerung der Isar errichtete man die Braunauer Eisenbahnbrücke, deren Eisenkonstruktion zu den bedeutenden Zeugnissen aus der Frühzeit des industriellen Brückenbaus zählt. Zur Beleuchtung der Großbaustelle wurde erstmals elektrisches Licht eingesetzt.

Allerhöchster Verordnung vom 20. Juni 1855 Rechnung trug. Er schuf damit neue Grundlagen für den Eisenbahnbau und -betrieb in privater Hand, der sich zu einem bedeutenden Faktor in der weiteren »Entfaltung des vaterländischen Verkehrs« entwickeln sollte.

Schon die Zeitgenossen bestaunten die »Raschheit und Umsicht«, mit der die Ostbahn-Gesellschaft unter Leitung von Paul Camille von Denis, dem Altmeister des Eisenbahnbaus, zu Werke ging: »Der Erfahrungssatz, der leider bei uns in Deutschland viel zu wenig bekannt und erkannt zu sein scheint – ›Zeit ist Geld‹ –, spricht sich in allen Anordnungen der Ostbahn-Direction aus.«[7]
1861 – nach nur fünfjähriger Bauzeit und bei Inanspruchnahme von lediglich 70 Prozent der veranschlagten Bausumme – war das 456 Kilometer umfassende Grundnetz der bayerischen Ostbahnen fertiggestellt.
München erhielt dabei eine neue und bedeutsame Bahnverbindung – die am 3. November 1858 eröffnete »Landshuter Linie«. Diese wurde im Jahr darauf zum damaligen Verkehrsknotenpunkt Geiselhöring fortgeführt, von dem man – auf zwei weiteren Ostbahnstrekken – Passau einerseits, Regensburg, Amberg und Nürnberg andererseits erreichen konnte. Die neue Bahnlinie brachte nicht nur Vorteile für den Personenverkehr, sondern auch für die materielle Versorgung der Hauptstadt – ermöglichte sie doch den direkten Zugang zu den »reichen Fluren Niederbayerns und den Forsten und Bodenschätzen der Oberpfalz«.[8]
Die Bezeichnung »Landshuter Allee« erinnert heute noch an die ursprüngliche Trassenführung dieser von München ausgehenden Ostbahnlinie. Dort, wo sie nahezu rechtwinkelig von der Hauptstrecke nach Augsburg in Richtung Neuhausen abzweigte, sollte 1866 Georg Krauss ideale Standortbedingungen für die Etablierung der zweiten Münchner Lokomotivfabrik vorfinden.
So zügig der Streckenbau München–Landshut verwirklicht worden war, so langwierig gestaltete sich die Schaffung der »sowohl für den provincialen als

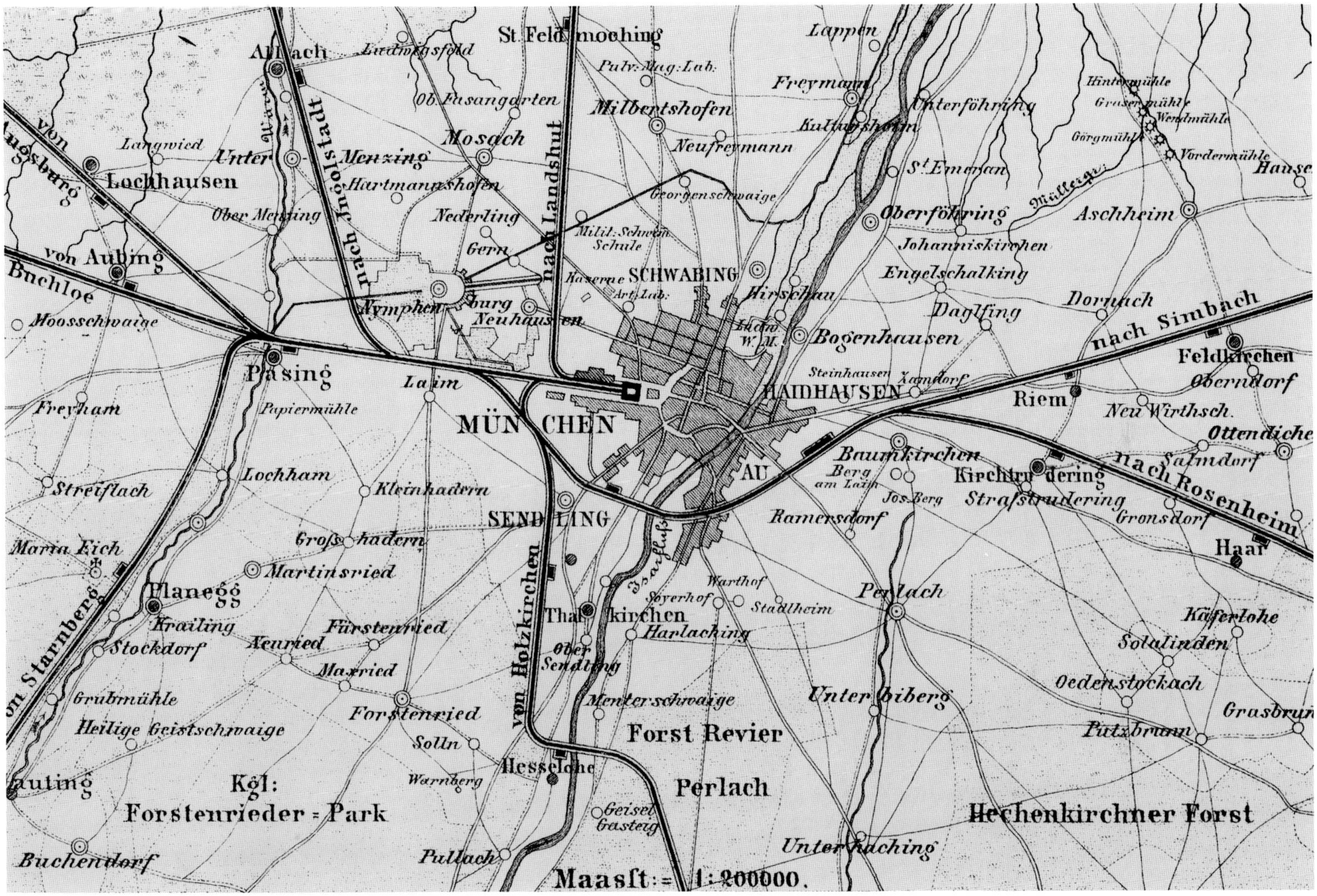

Abb. 51: Das Eisenbahnnetz im Raum München, um 1875
Diese Karte zeigt die acht von der bayerischen Hauptstadt ausgehenden Bahnlinien, die zwischen 1839/40 und 1873 erbaut worden sind.

allgemeinen Verkehr hochwichtigen Linie« von der Hauptstadt des Königreichs nach der »Hauptlandesfestung« Ingolstadt. 1867 jedoch konnte auch diese »Masche im bayerischen Eisenbahnnetze« dem öffentlichen Verkehr übergeben werden.
Betrachtet man mit Blick auf München die Entwicklung des Eisenbahnbaus im Zeitraum 1850 bis 1875, so sind den bisher dargestellten Strecken drei weitere noch hinzuzufügen:
Im März 1871 wurde die Linie München–Grafing–Rosenheim vollendet, die im Vergleich zur älteren, über Holzkirchen führenden Route beträchtlich geringere Steigungen aufwies und die Fahrzeit verkürzte. Schon drei Monate später war auch die zweite von der Hauptstadt direkt nach Osten sich wendende Bahnlinie fertiggestellt, die über Mühldorf an die österreichische Grenze bei Simbach führte.
Der Bau dieser beiden Linien hatte für München große Bedeutung – entstand doch dabei, als gemeinsame innerstädtische Ausgangsstrecke, die zweiglei-

sige »Gürtelbahn«, die vom Centralbahnhof in südöstlicher Richtung über die Isar und bis nach Haidhausen führte. In diesem Zusammenhang erhielt München zwei weitere Bahnhöfe: den einfach ausgestalteten, als »Zwischenbahnhof« konzipierten Thalkirchner Bahnhof (später »Südbahnhof«) am südlichen Burgfrieden und den repräsentativen, auf Pläne Friedrich Bürkleins zurückgehenden Haidhauser Bahnhof (später »Ostbahnhof«). Über die verkehrsmäßige Bedeutung hinaus sollten sich diese beiden Bahnhöfe als wichtige Kristallisationspunkte in der städtebaulichen und wirtschaftlichen Weiterentwicklung Münchens erweisen.
Ein von der »Gürtelbahn« abzweigendes und bei Pasing die München–Augsburger Bahnlinie erreichendes Verbindungsgleis brachte in der Folgezeit dem Güterverkehr Entlastung: Es bot die Möglichkeit, »transitierende Güter ohne Berührung des Centralbahnhofs auf wesentlich kürzerem Wege«[9] weiterzubefördern.
Als am 1. Mai 1873 schließlich auch die Strecke München–Buchloe in Betrieb genommen wurde, fand der Ausbau der von der bayerischen Metropole ausgehenden Bahnlinien einen vorläufigen Abschluß.

Abb. 52: Der Ostbahnhof (vormals Haidhauser Bahnhof) um die Jahrhundertwende
Friedrich Bürklein, der Erbauer des Centralbahnhofs, hatte auch für den Haidhauser Bahnhof erste Entwürfe gefertigt. Die Bauausführung erfolgte – mit wesentlichen Modifikationen – durch Jakob Graff. Am 15. März 1871 wurde der neue Bahnhof eröffnet, der »in seiner Ausstattung eines Hauptbahnhofes würdig« war. Heute steht an dieser Stelle der multifunktionale Bau des neuen Ostbahnhofs.

Abb. 53: Die Lokomotivfabrik Krauss & Comp. auf dem Marsfeld
Das 1866 von Georg Krauss (1826–1906) gegründete Unternehmen verzeichnete schon in kurzer Zeit große Erfolge. Das Bild zeigt in der Mitte die festlich geschmückte eintausendste Lokomotive, deren Vollendung bereits 1882 gefeiert werden konnte. Rechts die Villa des Fabrikbesitzers.

Ostbahnhalle – Frontbau-Erweiterung – Längenwachstum

Der Bahnhof in den Jahren 1850–1875

Die Entwicklung vom ersten Schienenweg nach Augsburg zu einem in alle Richtungen ausgreifenden Liniennetz brachte unausbleiblich auch für Bürkleins Centralbahnhof des Jahres 1849 umfassende Veränderungen. Sie eröffnen die lange, bis in die Gegenwart sich fortsetzende Reihe von Umbaumaßnahmen und Erweiterungen, wie sie für Bahnhöfe als »Entwicklungsbauten« generell charakteristisch sind.

Dem durch die Linien nach Starnberg und Rosenheim angewachsenen Bedarf hatte man außerhalb der Einsteighalle durch Ausweitung der Gleisanlagen Rechnung getragen und den vorhandenen Hochbauten eine Güterhalle, eine neue Wagenremise sowie eine weitere Werkstätte hinzugefügt. Gänzlich neue Lösungen hingegen erforderten die ab 1856 einsetzenden Aktivitäten der privaten Ostbahn-Gesellschaft.
Erste Überlegungen, die Bürkleinsche Einsteighalle beidseitig durch Anbauten zu vergrößern, waren rasch aufgegeben worden. Statt dessen entschied man sich für einen anderen Weg: Die Ostbahn-Gesellschaft sollte – nördlich an den Centralbahnhof angrenzend – ihren eigenen Bahnhof erhalten.
Die Schaffung des Neubaus an der Salzstraße, der heutigen Arnulfstraße, wurde dem Kgl. Baurat Heinrich Hügel übertragen, der von 1856 bis 1869 als Architekt in den Diensten der Ostbahn-Gesellschaft stand. 1860 bereits war die neue Einsteighalle der Ostbahn fertiggestellt – ein imposantes Bauwerk von circa 24 Metern Breite und 145 Metern Länge, das Platz für vier Gleise bot. Der Ostbahnhalle mit ihrem seitlich angeordneten Annex von Wartesälen sollte allerdings keine lange Lebensdauer beschieden sein. Im Zuge des 1876 einsetzenden Großumbaus wurde sie 1882 abgebrochen.
Gleichzeitig mit diesem Hallenbau war ein weiteres Vorhaben in Angriff genommen worden, das darauf abzielte, die beiden getrennten Gleishallen – des Centralbahnhofs einerseits, des »Ostbahnhofs« andererseits – an ihrer stadtseitigen Front zu einer räumlichen Einheit zu verbinden und dabei weitere »Expeditionslokalitäten« und Diensträume sowie Beamtenwohnungen zu schaffen.
Friedrich Bürklein löste diese Aufgabe in folgender Weise: Er blendete der Ostbahnhalle einen dreigeschossigen Pavillon als Kopfbau vor, der in einem südlichen, an der Bayerstraße gelegenen Eckpavillon seine symmetrische Entsprechung fand. Zwei Arkadenvor-

Abb. 54: Die Ostbahnhalle, um 1860
Für den Bedarf der privaten Ostbahn-Gesellschaft schuf Heinrich Hügel entlang der heutigen Arnulfstraße eine eigene viergleisige Einsteighalle, die bis 1882 bestand. Die Dachkonstruktion von Berger und Reifenstuel wurde von einer aus untergespannten Balken und gußeisernen Winkeln gebildeten Binderfolge getragen.

Abb. 55: Blick auf die Bahnhofsanlage, um 1870
Diese Ansicht zeigt aus westöstlicher Richtung die 1859/60 vorgenommenen baulichen Erweiterungen. Deutlich erkennbar sind die beiden getrennten Einsteighallen des Centralbahnhofs einerseits, des entlang der heutigen Arnulfstraße sich erstreckenden privaten »Ostbahnhofs« andererseits.

hallen – jeweils von einem Portalbau unterbrochen – verbanden die Erweiterungsbauten mit dem ursprünglichen Komplex des Jahres 1849.
Während der nördliche Flügelbau an der Salzstraße, finanziert von der Ostbahn-Gesellschaft, deren eigenem Bedarf diente, etablierte sich im südlichen Trakt die Post, die von Anfang an das neue Verkehrsmittel Eisenbahn für ihre Aufgaben genutzt und bereits seit 1851 im Centralbahnhof ein »Eisenbahn-Postbureau« unterhalten hatte.
Durch die »conform mit der Architektur der alten Fassade«[1] vorgenommenen

Abb. 56: Großer Bahnhof anno 1870
Die Eisenbahn diente von Anfang an auch als bevorzugtes Verkehrsmittel bei Staatsbesuchen. Salonwagen für die »Allerhöchsten Herrschaften« gehörten zur Grundausstattung aller Eisenbahngesellschaften. Auch der preußische Kronprinz Friedrich Wilhelm, der spätere Kaiser Friedrich III., war 1870 mit der Bahn nach München gekommen. Das Bild zeigt ihn zusammen mit Bayerns König Ludwig II. – umjubelt von einer großen Menschenmenge – beim Verlassen des Bahnhofs.

Abb. 57: Der Kirchen- und Historienmaler Michael Echter (1812–1879)
Zeichnung von Wilhelm von Kaulbach
Nach seinem Studium an der Münchner Kunstakademie und einem langjährigen Aufenthalt in Berlin ließ Echter sich 1858 endgültig in München nieder. Neben der dekorativen Ausgestaltung des erweiterten Centralbahnhofs schuf er historische Wandgemälde für das Bayerische Nationalmuseum (heute Völkerkundemuseum) und das Maximilianeum. Für Ludwig II. entwarf er zahlreiche Illustrationen und Fresken mit Motiven aus Opern Richard Wagners.

baulichen Maßnahmen der ausgehenden 1850er Jahre war die Bahnhofsfront auf eine Breite von 192 Metern angewachsen. Wenngleich in der Folgezeit öfter zur Disposition gestellt, sollte sie bis zu ihrer Zerstörung im Zweiten Weltkrieg die signifikante Physiognomie des Bahnhofs prägen.
Auch das Innere des Centralbahnhofs erfuhr um 1860 manche Veränderung. Im Mittelpunkt stand dessen dekorative Ausgestaltung. Thematisches Leitmotiv waren dabei – ganz aus dem Geist der Zeit heraus – die »unter der Herrschaft des Dampfes und des elektrischen Funkens« möglich gewordenen, letztlich alle Lebensbereiche revolutionierenden Errungenschaften der Technik.
Der 1861/62 geschaffene reiche Freskenschmuck war ein Werk Michael Echters, eines Schülers von Wilhelm Kaulbach. Für die Längswände der beiden neu hinzugekommenen Portalbauten schuf dieser »vier allerliebste, zierlich gezeichnete«, je etwa einen Meter hohe und zehn Meter lange Friesbilder. Als ikonographisches Programm wählte er für die nördliche Einfahrt »Handel und Industrie« sowie »Baukunst und Baugewerbe«. Im südlichen Pendant stellte er Dampfkraft und Telegraphie als Medien weltweiter Völkerverbindung dar.

Abb. 58: Der Frontbau des Bahnhofs, um 1860

Friedrich Bürklein, der Erbauer des Centralbahnhofs, nahm 1859/60 auch dessen erste umfassende Erweiterung vor. Er griff dabei das Arkadenmotiv der Vorhalle des Kernbaus auf und führte dieses – ähnlich wie in seinem Entwurf vom Januar 1847 – symmetrisch nach Norden und Süden fort. Zwei dreigeschossige Flankenpavillons an der Bayerstraße sowie der heutigen Arnulfstraße bildeten den Abschluß seiner Fassadenarchitektur.

Abb. 59: »Die elektrische Telegraphie«, Fresko von Michael Echter an der Ostwand der Einsteighalle, 1862

Anfang der 1840er Jahre trat die elektrische Telegraphie »heraus aus dem Zustand der Versuche und die ersten Anwendungen ließen erkennen, daß mit ihr ein mächtiger Hebel für den Verkehr gewonnen war«. Echters Darstellung dieses Themas fesselte den Betrachter »durch die Neuheit des Stoffes und dessen künstlerischen Ausdruckes, welcher die geheimnisvolle Macht des elektromagnetischen Stromes in der Gestalt eines hohen Weibes den Metallen entsteigen läßt, mit denen sich Gnomen zu schaffen machen, während liebliche Genien, im Halbkreis die Kette bildend, die Botschaft empfangen und an den Ort ihrer Bestimmung tragen«.

Abb. 60: »Der entfesselte Dampf«, Fresko von Michael Echter an der Ostwand der Einsteighalle, 1862

Echters zweite Allegorie zeigt die Dampfkraft als Überwinder überkommener Schranken, als Sinnbild für den Aufbruch in eine neue Zeit, die Wirtschaftswachstum und Wohlstand verhieß. Er gab dabei – nach einer zeitgenössischen Beschreibung – auch »dem vollberechtigten Humor Raum, indem er den armen Bureaukraten neben dem gesprengten Schlagbaum, von herumflatternden Reisepässen und anderen Hilfsmitteln eines überholten Standpunktes umgeben, auf den Boden kollern« ließ.

Abb. 61: Abschied bayerischer Soldaten am Centralbahnhof, 1870

Bayern und Preußen hatten sich 1866 in einem Bündnisvertrag zur wechselseitigen Unterstützung im Kriegsfall verpflichtet. Als Preußen 1870 in den Krieg mit Frankreich eintrat, befahl König Ludwig II. am 16. Juli 1870 die Mobilmachung der bayerischen Streitkräfte, die an den Siegen bei Weißenburg und Wörth, aber auch an der Entscheidungsschlacht bei Sedan und an der Eroberung von Orléans maßgeblich beteiligt waren. Truppen-, Material-, Verwundeten- und Gefangenentransporte stellten erhebliche Anforderungen an die Eisenbahn, der von da ab endgültig eine zentrale Rolle in der militärischen Strategie zukam.

Abb. 62: Ankunft eines Zuges mit Verwundeten in München, 1870
»Nach der Natur aufgenommen« von K. A. Ekwall

»Die Schar, die fechtend niedersank,
Die Opfer von den Schlachtentagen,
Die soll das Vaterland zum Dank
Zeitlebens auf den Händen tragen!«

Abb. 63: Ankunft des ersten Gefangenentransports aus Frankreich, 1870
Nach einer Steinzeichnung von Anton Kraus

Auch in seinen beiden großen, an der Ostwand der Gleishalle angebrachten halbkreisförmigen Freskogemälden – »Der entfesselte Dampf« und »Die elektrische Telegraphie« – griff er diese beiden, den Anfang der Moderne symbolisierenden Motive nochmals auf. Mit der repräsentativen Ausgestaltung des Bahnhofs war der »schöne Gedanke« Wirklichkeit geworden, daß München seinen Charakter als Kunststadt dem Fremden schon »im ersten Augenblick, an der Schwelle seiner Ankunft« offenbarte.

Anderer Meinung war allerdings der Engländer Edward Wilberforce, ein scharfer Beobachter mit einem gehörigen Schuß Ironie und Sarkasmus, der um 1860 längere Zeit in München weilte und dabei auch das bayerische Eisenbahnwesen kritisch unter die Lupe nahm.[2] Zweigleisige Strecken und ausreichend viele gut ausgerüstete Züge, die »mit höflichem Personal unter Volldampf dahineilten«, würden ihn weit mehr erfreuen als Fresken, »die einen Fortschritt symbolisierten, der noch gar nicht erreicht« worden sei. An solch dekoratives Beiwerk solle man erst denken, wenn »nach Vollendung aller praktischen Vorkehrungen« noch Geld übrig bliebe.

In der Tat lag trotz der vorgenommenen Erweiterung des Bahnhofs manches im Argen, zumal das Verkehrsvolumen »loco München« unaufhaltsam anstieg und 1865 bereits die stattlichen Zahlen von 632 279 Personen, 38 937 Tieren, 3 172 080 Zentnern angekommener sowie 980 243 Zentnern abgegangener Güter erreichte.

Große Probleme brachte vor allem der Güterverkehr mit sich. Schon 1863 beklagte die Oberbayerische Kreis-Gewerbe- und Handelskammer, »daß tagtäglich lange Reihen von Güterwägen im Münchener Bahnhofe ankämen, welche wegen Mangel an Raum nicht in die Güterhalle geschafft, und in Folge dessen 2 und 3, ja sogar 6, 8 und 10 Tage lang nicht abgeladen«[3] werden könnten. »Im Interesse des gesammten commerciellen und industriellen Publikums« hielt die Kammer es »für ihre entschiedene Pflicht, zu constatieren, daß diese Zustände im hiesigen Bahnhofe alles billige Maß« überschritten und »energische Abhilfe dringend noth« täte, »wenn nicht die allergrößten Calamitäten daraus erwachsen« sollten.

Zu den Schwierigkeiten, die mit der Abwicklung des Güterverkehrs verbunden waren, kamen räumliche Probleme durch den weiteren, bereits dargestellten Ausbau des Streckennetzes. Vergleicht man die Jahre 1860 und 1873, so hatte sich die Zahl der von München ausgehenden Bahnlinien in diesem

Zeitraum von vier auf acht erhöht. Dies drängte – zusammen mit der angestrebten Umstellung auf zweigleisigen Betrieb aller Hauptrouten – zu umfassenden Veränderungen. Auch war im Deutsch-Französischen Krieg 1870/71 erstmals die militärstrategische Bedeutung der Eisenbahn in vollem Umfang deutlich geworden.
Da der Bahnhof aufgrund der Begrenzung durch Bayerstraße und Salzstraße in die Breite kaum Erweiterungsmöglichkeiten hatte, lag die Chance für die Zukunft im Längenwachstum.
So schritt man nach der Mitte der 1860er Jahre zu großflächigen, bis an die heutige Friedenheimer Brücke heranreichenden Grunderwerbungen. Zügiges Vorgehen sollte dabei verhindern, daß »die Spekulation ein wesentliches Steigen der Preise veranlassen konnte«.[4]
Nach Regulierung der »Gefällsverhältnisse« wurden dem gesamten Bahnhofsterritorium in den verschiedenen Abschnitten seiner Längenausdehnung unterschiedliche Funktionen zugewiesen: »So dient« – wie Franz Rebers »Bautechnischer Führer durch München« aus dem Jahr 1876 ausführt – »dessen innerer Theil, von der Personenhalle bis an die Straßenbrücke (heute Hackerbrücke, Anm. d. Verf.), hauptsächlich dem Personenverkehr, dann dem Eil- und Stückgüterverkehr, die Strecke von hier bis zum Arbeitersteg (heute Donnersberger Brücke, Anm. d. Verf.) dem Verkehr für Wagenladungsgüter und dem Rangirdienste, der äußerste Rayon aber dem Maschinen- und Werkstättedienst.«[5]

Abb. 64: Die Kgl. Bayerische Centralwerkstätte, um 1890
Das Gelände der heutigen Bundesbahndirektion München an der Richelstraße war einstmals Standort der Kgl. Bayerischen Centralwerkstätte. Kernbau dieses U-förmig angelegten, von einer hohen Mauer »eingefriedigten Terraincomplexes« war das Maschinen- und Kesselhaus, dessen Dampfmaschinen über eine Vielzahl von Transmissionen die Ausbesserungshallen mit Energie versorgten. Diese boten um 1875 – mit Schiebebühnen versehen – Platz für die gleichzeitige Aufstellung von 36 Lokomotiven und 72 Wagen. Eine Dreherei, eine Lackiererei sowie mehrere Schmiedebetriebe ergänzten die Anlagen der Centralwerkstätte. Sie war die Vorläuferin des ab 1927 im Norden der Stadt angesiedelten »Reichsbahn-Ausbesserungswerks München-Freimann«.

Was die erforderlichen Wartungs- und Reparaturarbeiten am »rollenden Material« betraf, hatte der bayerische Landtag 1868 die Mittel für den Bau einer »Centralwerkstätte München« bewilligt, in der die Instandhaltungsmaßnahmen an Lokomotiven und Wagen für den gesamten südlichen Bereich der bayerischen Staatsbahnen vorgenommen werden sollten. Diese großzügig und erweiterungsfähig geplante Anlage erstreckte sich in einer Länge von mehr als 500 Metern westlich der heutigen Donnersbergerbrücke und war in ihrer ersten Ausbaustufe bis 1874 fertiggestellt.[6]

Blickt man auf den Zeitraum 1850 bis 1875 zurück, so zeigt sich unverkennbar, daß hinsichtlich der Gleisanlagen und der Betriebsorganisation wichtige Weichenstellungen für die Zukunft vorgenommen worden waren. Das Bahnhofshauptgebäude jedoch – mit seiner seit 1849 unveränderten Einsteighalle und der benachbarten Ostbahnhalle – »harrte trotz der inzwischen eingetretenen, um das Vielfache gesteigerten Ansprüche immer noch seines Ausbaues«.[7]

Zeitgemäße Stilform – kühne Konstruktion

Der Großumbau der Jahre 1876–1884

Die Unzulänglichkeiten des bestehenden, noch aus dem Geist der ausgehenden Biedermeierzeit geschaffenen Centralbahnhofs waren seit Anfang der 1870er Jahre »für die Betriebsbehörde und das Publikum täglich fühlbarer geworden«. Nur ein großangelegter Um- oder gar Neubau konnte hier Abhilfe schaffen.

Abb. 65: Jakob Graff (1820–1906)
Graff war 1869 als Betriebsingenieur in die Bauabteilung der Generaldirektion der Kgl. Bayerischen Verkehrsanstalten eingetreten. 1872 wurde er zum Bezirksingenieur, 1875 zum Oberingenieur und 1881 zum Generaldirektionsrat befördert. Als Architekt zahlreicher Strecken- und Bahnhofsbauten hat er sich um den Eisenbahnbau in Bayern große Verdienste erworben.

So machte sich Friedrich Bürklein – zehn Jahre nach der ersten, 1859/60 vorgenommenen Erweiterung seines Centralbahnhofs – abermals daran, eine neue, dem angewachsenen Verkehrsaufkommen adäquate Baukonzeption zu entwickeln. Er wurde dabei unterstützt von Jakob Graff, der ihm nach seinem Tod 1872 als Architekt in der Bauabteilung der Generaldirektion der Kgl. Bayerischen Verkehrsanstalten nachfolgte und die Planungsarbeit fortführte.
Allerdings stand diesem Bauprojekt zunächst ein Hindernis räumlicher Art entgegen – hatte man doch der 1856 gegründeten Kgl. privilegierten Aktiengesellschaft der bayerischen Ostbahnen für die Anlage einer eigenen Gleishalle seinerzeit ein beträchtliches Areal entlang der Salzstraße, der heutigen Arnulfstraße, überlassen. »Die Fesseln, die man sich dadurch selber angelegt, drückten immer schmerzlicher«[1] und ließen in der ersten Planungsphase keine befriedigenden Ergebnisse zu.
Eine Lösung dieses Problems zeichnete sich ab, als insbesondere unter dem Eindruck des Deutsch-Französischen Kriegs der Prozeß der Verstaatlichung privater Eisenbahnen in ganz Deutschland neue Impulse erhielt. So war auch der Ostbahn-Gesellschaft, deren Wirken zu den erfolgreichsten Kapiteln in der Geschichte des bayerischen Privatbahnbaus zählt, keine Zukunft mehr beschieden.
1875 wurden die von ihr errichteten

Abb. 66: Carl Schnorr von Carolsfeld (1830–1895)
Schon im Alter von zwanzig Jahren wandte sich Schnorr von Carolsfeld dem Eisenbahnbau zu, dem er sein Leben lang treu blieb. Seit 1869 stand er in den Diensten der Generaldirektion der Kgl. Bayerischen Verkehrsanstalten. 1881 wurde er zum Eisenbahnbaudirektor »für den Bau sämtlicher Staatsbahnlinien und Bahnhöfe« ernannt. Beim Großumbau des Münchner Centralbahnhofs entwickelte Schnorr von Carolsfeld die gesamte betriebstechnische Disposition und war für die Koordination aller Baumaßnahmen verantwortlich.

Bahnlinien – »samt allen Zugehörungen an liegenden Gründen, Dienst- und Wohngebäuden, Fahrmaterial, Inventargegenständen, Material- und sonstigen Vorräten«[2] – in Staatseigentum überführt. Da man nun auch über das Ostbahngelände neu verfügen konnte, war damit in räumlicher Hinsicht der Weg frei geworden für einen umfassenden Ausbau des Centralbahnhofs. Finanzielle Erwägungen zwangen jedoch dazu, den Gedanken an einen vollständigen Neubau aufzugeben und statt dessen eine Kompromißlösung anzustreben. Schon 1876 legte Jakob Graff eine endgültige Bauplanung vor.[3] Sie war in enger Zusammenarbeit mit dem Generaldirektionsrat und späteren Eisenbahnbaudirektor Carl Schnorr von Carolsfeld entwickelt worden, der für die Gesamtdisposition der Anlage verantwortlich zeichnete. Diese fruchtbringende Kooperation hatte – unter Berücksichtigung der vom Landtag geforderten Kostenminimierung – zu folgenden Ergebnissen geführt:

– Das in den Jahren 1847 bis 1849 von Friedrich Bürklein erbaute Empfangsgebäude sollte – »der Not gehorchend« – zunächst einmal beibehalten werden, zumal es auch »mit seiner die Bestimmung des Baus vorzüglich kennzeichnenden, fein behandelten Ansicht zurecht großen Beifall bei der Bevölkerung und bei den Fachgenossen gefunden hatte«.[4]
– Die alte Bürkleinsche Einsteighalle sollte – auf rund die Hälfte ihrer Länge reduziert und entsprechend adaptiert – künftig als Hauptvestibül und Schalterhalle fungieren.
– In räumlichem Anschluß daran war die Errichtung eines neuen, quergelagerten Betriebshauptgebäudes vorgese-

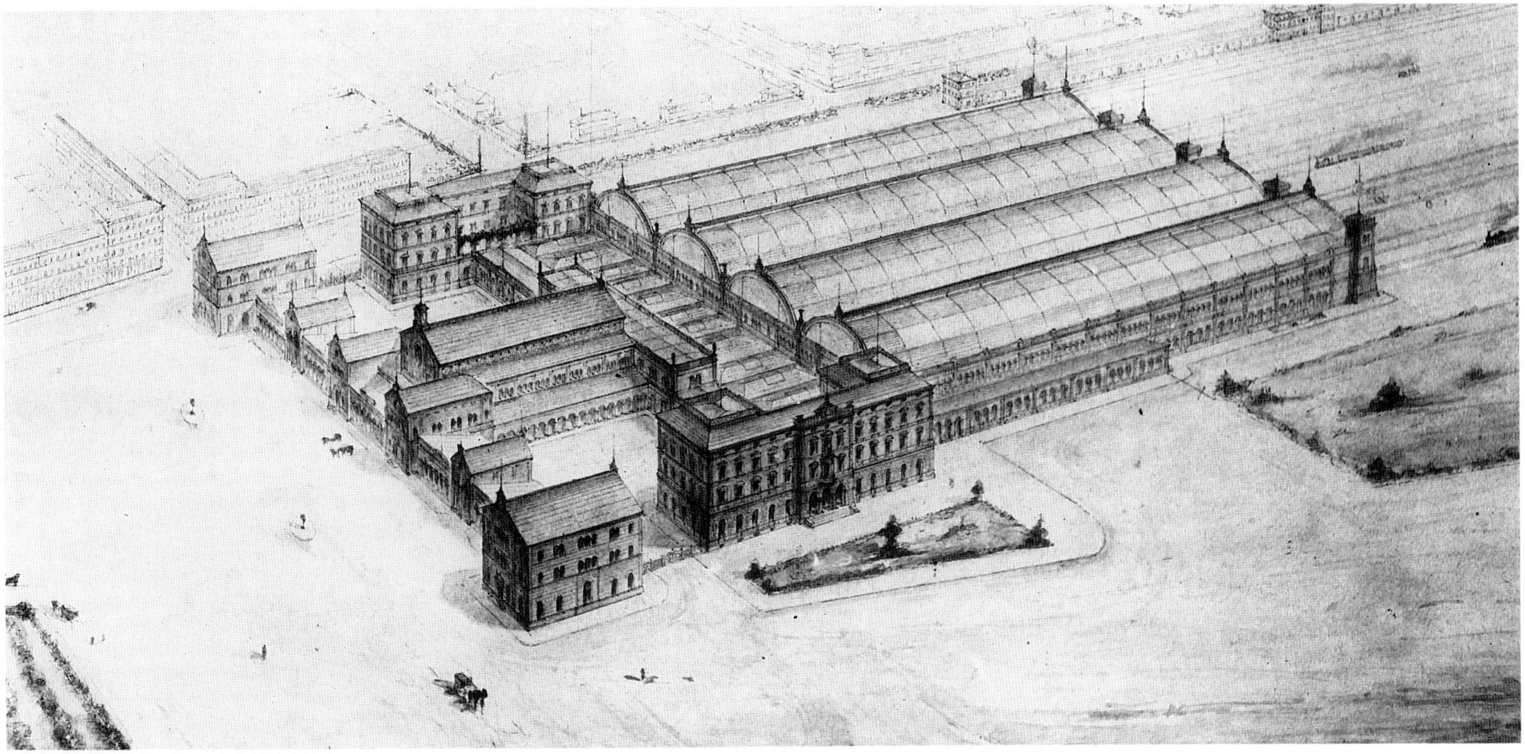

Abb. 67: Der Großumbau des Bahnhofs im Entwurf, 1876
Die Zeichnung macht deutlich, welch gewaltige Dimensionen der Centralbahnhof durch den Umbau der Jahre 1876 bis 1884 erlangen sollte. Links der alte, von Friedrich Bürklein geschaffene Baukomplex mit seiner rund auf die Hälfte ihrer ursprünglichen Länge reduzierten Einsteighalle. Daran anschließend das neue Betriebshauptgebäude und die mächtige vierschiffige Gleishalle. Wenngleich der Gegensatz zwischen Alt- und Neubauten unübersehbar war, blieb der Bahnhof in dieser heterogenen Gestalt bis zur Zerstörung im Zweiten Weltkrieg bestehen.

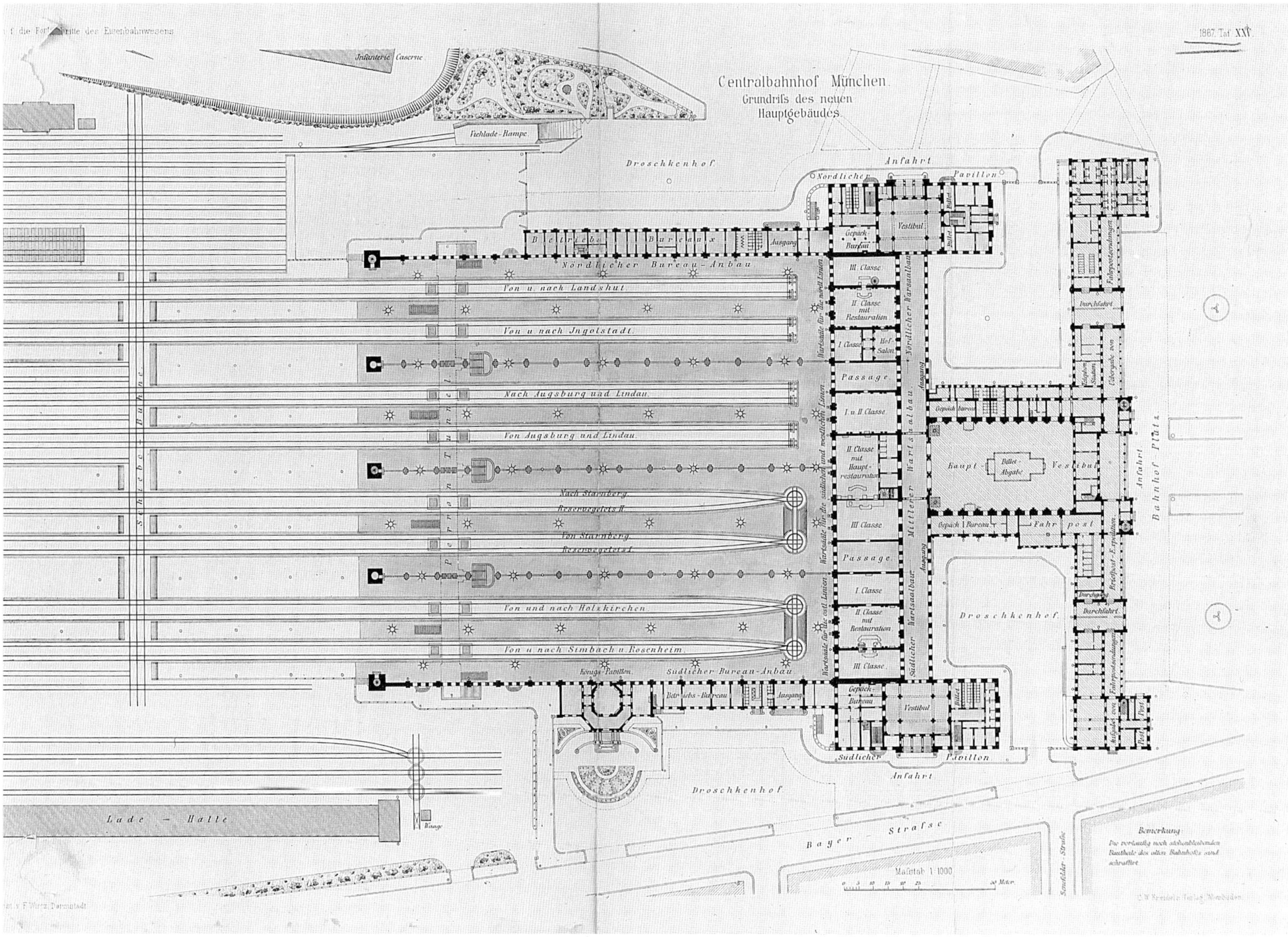

Abb. 68: Das Bauprojekt der Jahre 1876 bis 1884 im Grundriß

Rechts der alte Bürkleinsche Frontbau, der nun für den Bedarf der Post Verwendung fand, sowie der Torso der ehemaligen Einsteighalle mit Schaltereinbauten in der Raummitte. Im Anschluß daran das neue Betriebshauptgebäude mit quergelagertem Hauptkorridor und Wartesaalkomplex, der in die vierschiffige Gleishalle überleitet. Die Gleise sind an ihren Endpunkten teils mit Prellböcken, teils mit Drehscheiben versehen – ein Unterschied, der »durch die Zusammendrängung des Verkehrs in den südlichen Hallenschiffen während der ersten zwei Bauzeit-Abschnitte« bedingt war.

An der sich entlang der Bayerstraße erstreckenden Hallenlängswand ist der Königspavillon zu erkennen.

hen – mit je einem auch als Eingangszone dienenden Flügelbau an der Bayer- und der Salzstraße. Der mächtige Baukomplex sollte im Erdgeschoß einen nord-südlichen Hauptkorridor, zwei weitere Vestibüle sowie Wartesäle und Restaurationen, in den oberen Stockwerken hingegen Verwaltungsräume und Beamtenwohnungen aufnehmen.
- Schließlich sollte dem Betriebshauptgebäude eine neue vierschiffige Gleishalle in Eisen-Glas-Konstruktion vorgelagert werden.

Diese Planung stellte in ihren Grundrißlösungen und ihren bis dahin unbekannten Dimensionen ein Novum im deutschen Bahnhofsbau dar. Dennoch war ihr bereits im August 1876 die offizielle Genehmigung erteilt worden. Nun galt es, dieses gewaltige Vorhaben – bei voller Aufrechterhaltung des Eisenbahnbetriebs und mit den der damaligen Zeit zu Gebote stehenden technischen Möglichkeiten – innerhalb kürzester Zeit in die Tat umzusetzen. Vom Herbst 1876 an wurde das Bahnhofsareal für Jahre zur Großbaustelle.
Während man bei der Errichtung des Betriebshauptgebäudes bautechnisch auf vorhandene Erfahrungen zurückgreifen konnte, stellte der Bau der mächtigen Gleishalle völlig neue Herausforderungen an die »Ingenieurkunst«.
Aufgrund der Notwendigkeit, daß acht in den Bahnhof einmündende beziehungsweise von hier ausgehende Linien und somit 16 Gleise unterzubringen waren, hatte sich die Konzeption einer vierschiffigen Halle herauskristallisiert,

Abb. 69: Heinrich Gerber (1832–1912)
In den 1850er Jahren war Gerber mit dem Nürnberger Industriepionier Theodor von Cramer-Klett in Verbindung gekommen, der ihn als Ingenieur für sein eigenes Unternehmen gewann. Von 1873 bis 1885 war Gerber Direktor der aus den Gustavsburger Werkstätten der Klettschen Fabrik hervorgegangenen Süddeutschen Brückenbau-Actiengesellschaft und in dieser Eigenschaft intensiv mit dem Bau der neuen Münchner Gleishalle befaßt. Mit der Erfindung des nach ihm benannten »Gerberträgers« hat er den Brückenbau sowie den Stahlhochbau nachhaltig beeinflußt.

deren Gesamtabmessungen auf 150 Meter Länge und 140 Meter Breite festgelegt wurden.
Das Hauptproblem lag dabei in der Konstruktion der Hallendächer. Mit der Lösung dieser Aufgabe betraute man die zu den Vorläuferfirmen der heutigen MAN gehörende Süddeutsche Brückenbau-Actiengesellschaft, die 1877 den Auftrag zum Bau der Hallenschiffe erhielt.
Damit hatte man eine hervorragende Entscheidung getroffen – stand diesem Unternehmen doch in der Person seines damaligen Direktors, Heinrich Gerber, ein Mann zur Verfügung, der zu den Bahnbrechern deutscher Eisenbaukunst im 19. Jahrhundert zählt.
Betrachtet man die bis zum Sommer 1878 abgeschlossene Detailplanung für die Gleishalle etwas eingehender, so fallen dabei folgende charakteristische Merkmale auf:
- Die vier jeweils 35 Meter breiten Hallenschiffe werden durch drei Reihen schmiedeeiserner, rund zwölf Meter hoher Pfeiler voneinander getrennt.
- Auf diesen in Abständen von zehn Metern aufgestellten Pfeilern ruhen die Sichelbinder der Dachkonstruktion auf, wobei jede Halle ein in sich selbständiges statisches System darstellt.
- Die tonnenförmigen Hallendächer haben eine Firsthöhe von rund 24 Metern. Sie sind teils mit Rohglasplatten, teils mit verzinktem Wellblech gedeckt.
- Die Westwand der Halle – für die Durchfahrt der Züge im unteren Teil offen – ist ab einer Höhe von sieben Metern durch Glasschilde abgeschlossen. In Fortführung der Außenmauern sowie der Pfeilerreihen erheben sich hier fünf massive Türme, die neben ihrer statischen auch eine dekorative Funktion erfüllen.

Abb. 70: Das erste Hallenschiff im Bau, Februar 1879
Neben Bürkleins alter Einsteighalle wuchs seit Spätherbst 1878 das erste der neuen Hallenschiffe heran. Nachdem die Fachwerkpfeiler verankert worden waren, konnte mit dem Aufstellen des Dachtragewerks begonnen werden. Dabei wurden »zwei eiserne Rüstungswagen verwendet, welche mit je 16 Rädern auf den zwei äußersten Gleisen der Halle standen«.

Abb. 71: Der Bauzustand im Mai 1879
Die Dachkonstruktion des ersten Hallenschiffs ist nahezu fertiggestellt. Sie ruht am bahnseitigen Hallenschluß auf zwei gemauerten Türmen auf. Diese Türme – bei Vollendung des Baus insgesamt fünf an der Zahl – blieben bis zu ihrem Abbruch 1953 das die Ankunft in München signalisierende Wahrzeichen des Bahnhofs.

Nachdem die Ausführungspläne im Juli 1878 genehmigt worden waren, konnte der Bau der Gleishalle in Angriff genommen werden. Man begann dabei mit dem südlichsten, sich entlang der Bayerstraße erstreckenden Hallenschiff, das im September 1879 fertiggestellt wurde.
Mit dem Abschluß dieses Bauabschnitts war ein für den weiteren Fortgang der Arbeiten entscheidender Punkt erreicht – konnte man doch nun den gesamten, bislang vom Altbau aus abgewickelten Eisenbahnbetrieb in die neue Halle verlegen.
Damit war zugleich aber auch das der Bürkleinschen Halle vorbestimmte Schicksal definitiv besiegelt: Sie hatte ihre eigentliche Funktion verloren und wurde plangemäß etwa zur Hälfte abgebrochen, um den Neubauten Platz zu machen. Keiner der Zeitgenossen hätte damals freilich geahnt, welch erstaunliche Langlebigkeit dem übriggebliebenen Torso in seiner nunmehrigen Eigenschaft als Vestibül und Schalterhalle beschieden sein würde. Erst der Zweite Weltkrieg hat dieses frühe Denkmal technisch-industrieller Kultur in München endgültig vernichtet.
»Schnell und energisch« gingen indes die Bauarbeiten voran: Bis 1881 waren die beiden mittleren Hallen fertig montiert. 1882 folgte der gänzliche Abbruch der ehemals privaten Ostbahnhalle, die sich seit 1875 in Staatsbesitz befand. Damit stand der Weg nun auch offen für den Bau der vierten – nördlichen – Halle, der 1883 abgeschlossen werden konnte.

Abb. 72: Der Teilabbruch der Bürkleinschen Einsteighalle
Nachdem im Oktober 1879 der Eisenbahnbetrieb in das erste der neuen Hallenschiffe verlegt worden war, begann man mit dem Teilabbruch der alten Einsteighalle. Von den ursprünglich 24 Bogenbindern blieben elf noch bestehen. Dieser Hallentorso fand fortan als Hauptvestibül Verwendung. Im Hintergrund ist der heranwachsende Neubau zu erkennen.

Abb. 73: Die Westfront der 1884 vollendeten Gleishalle
Dieser charakteristische Blick auf die Einfahrt in den Münchner Centralbahnhof zeigt den westlichen Hallenabschluß in voller Breite. Die gewölbten Hallendächer wecken zusammen mit den sie zugleich verbindenden wie trennenden Mauertürmen Assoziationen an den Brückenbau.

Abb. 74: Die Gleishalle nach ihrer Vollendung, 1884
Diese Aufnahme des Hofphotographen Georg Böttger zeigt einen Blick in das zweite Hallenschiff. Gemäß der Konzeption Heinrich Gerbers waren die tonnenförmigen Dächer im mittleren Drittel jeder Dachseite mit Rohglasplatten versehen worden. Aufgrund der »einströmenden Lichtfülle« erzielte man »einen überaus heiteren Eindruck, der des Nachts durch die electrische Beleuchtung noch erhöht wurde«. Die weiten Jochabstände der Pfeiler ermöglichten nach allen Richtungen hin ein hohes Maß an visueller Kommunikation und trugen dazu bei, die vier Hallenschiffe zu einem großzügig wirkenden Raumkontinuum zu verbinden. Im Vordergrund der Abgang zum »Perrontunnel«, der als Verkehrsweg für die Bahnbediensteten und »bei starkem Personenandrange zur rascheren Entleerung der Halle« diente.

Abb. 75: Die Ostfront des Centralbahnhofs, um 1885
In den Jahren 1876 bis 1884 hatte der Centralbahnhof jenen Bauzustand erreicht, wie er bis zur Kriegszerstörung im wesentlichen unverändert beibehalten wurde. Der um die Mitte des 19. Jahrhunderts von Bürklein geschaffene Baukomplex, das daran anschließende Betriebshauptgebäude sowie die vier mächtigen Dächer der Gleishalle prägten das der Stadt zugewandte Erscheinungsbild.

Abb. 76: Der südliche Flügelbau an der Bayerstraße, um 1885
Das neue Betriebshauptgebäude umfaßte neben dem Querbau mit Hauptkorridor und Wartesälen zwei rechtwinkelig dazu angelegte Flügelbauten. Der südliche Flügelbau an der Bayerstraße diente mit seinem Vestibül sowie den Räumlichkeiten für Billettverkauf und Gepäckannahme der Abwicklung des Verkehrs auf den östlichen Bahnlinien. Das Pendant an der Salzstraße war für den Verkehr auf den nördlichen Linien bestimmt. In den Obergeschossen befanden sich Verwaltungsräume und Beamtenwohnungen. Die vorspringende Mittelpartie trug jeweils als dekorativen Schmuck eine Giebelgruppe im ersten Obergeschoß sowie einen von einem Adler bekrönten Uhraufbau. Im Hintergrund die südliche Hallenlängswand mit dem Anbau des Königspavillons.

Abb. 77: Blick vom südlichen Vestibül in den Hauptkorridor, um 1885
In den beiden an Bayer- und Salzstraße gelegenen Flügelbauten waren zwei neue, repräsentativ ausgestaltete Vestibüle eingerichtet worden, die über den Hauptkorridor miteinander in Verbindung standen. Dieser zentrale Verkehrsweg vermittelte gleichzeitig den Zugang zu den an der linken Seite angeordneten Wartesälen sowie – nach rechts hin – zum Hauptvestibül.

Mit der Vollendung dieses insgesamt 21 000 Quadratmeter Grundfläche umfassenden Hallenkomplexes nahm der Münchner Bahnhof die Spitzenstellung unter den größten bisher ausgeführten Bahnhöfen ein, zu denen »die St. Pancras-Station in London mit 15.700 m^2, der Orléans-Bahnhof in Paris mit 14.700 m^2 und der Anhalter-Bahnhof in Berlin mit 10.200 m^2«[5] gehörten. Diese Position mußte München jedoch wenige Jahre später an Frankfurt abtreten.
Im Zusammenhang mit dem Hallenbau durfte sich die bayerische Haupt- und Residenzstadt aber auch noch einer anderen Pioniertat rühmen: Das 1879 dem Betrieb übergebene südliche Hallenschiff war, »soweit bekannt, die erste mit electrischem Lichte ausgerüstete Bahnhofshalle in Deutschland«.[6] Bis 1883 wuchs die von Siemens & Halske in Berlin gelieferte Beleuchtungsanlage auf insgesamt 50 Bogenlampen von je 360 Kerzenstärken an. Zur Stromerzeugung dienten dabei »4 Wechselstrommaschinen und 4 Otto'sche Gaskraftmaschinen von zusammen 36 Pferdekräften«. So wie schon Bürkleins Centralbahnhof durch die Einführung des Pettenkoferschen Leuchtgases im Jahre 1851 hinsichtlich der Beleuchtungstechnik auf der Höhe der Zeit gestanden war, so hatte man nun mit dem frühen Einsatz der Elektrizität abermals eine zukunftweisende Entscheidung getroffen.
Wenngleich es primär die Gleishalle war, die europaweit Aufsehen erregte, so darf nicht unbeachtet bleiben, daß auch das von Jakob Graff entworfene, rund 8 300 Quadratmeter Grundfläche umfassende Betriebshauptgebäude durchaus neue Akzente im Bahnhofsbau setzte.
Schon von der Wahl des Stils her stellt Graffs Bau eines der frühesten Beispiele für die um diese Zeit einsetzende »Monumentalisierung« des Bautyps »Bahnhof« dar.
Als Graff mit den Planungsarbeiten begonnen hatte, war er noch überzeugt gewesen, daß der Bürkleinsche Gebäudekomplex nur vorübergehend beibehalten werden müßte und in absehbarer Zeit einem repräsentativen, »kräftig wirkenden« Frontbau weichen würde. Diese Hoffnung sollte sich zwar nicht erfüllen, doch macht sie es verständlich, daß hinsichtlich der neuen Hochbauten

keinerlei Angleichung »an den zierlichen romanischen Styl des alten Bahnhofs« angestrebt wurde. Graff wählte vielmehr – seinem Lehrer Gottfried Neureuther folgend – »die Stilformen der Renaissance in ihrer neuesten Formgestaltung«, die er »mit Leichtigkeit zu behandeln«[7] wußte.
Als »sehr ansprechend und tüchtig ausgestaltet« charakterisierte die Deutsche Bauzeitung 1881 das äußere Erscheinungsbild des Graffschen Baus, dessen Fassaden teils auf Granit-, teils auf Kalksteinsockeln in grünlichem und grauem Sandstein mit Flächenverblendungen in Backstein ausgeführt waren. Figürlicher Schmuck wurde nur sparsam verwendet. Er beschränkte sich im wesentlichen auf zwei Giebelgruppen an den Flügelbauten – »Gewerbe und Handel« sowie »Feuer und Wasser« darstellend.
»Ohne aufdringlichen Luxus, aber mit würdiger Solidität« hatte Graff die Innenräume ausgestaltet und auch dabei »sein liebenswürdiges Talent«[8] unter Beweis gestellt: Reichverzierte Stuck- und Holzdecken sowie Wandverblendungen aus Stuckmarmor und »natürlichen, edleren Steinarten« verliehen den für den öffentlichen Verkehr bestimmten Räumen ein repräsentatives Gepräge.
Neu war die von Graff und Schnorr von Carolsfeld gewählte Anordnung der Wartesäle. Abweichend von der bisherigen Gepflogenheit, diese lediglich nach drei Klassen zu unterscheiden, wurden sie bei der Münchner Konzeption zusätzlich nach den Zielrichtungen der einzelnen Bahnlinien getrennt – ähnlich

Abb. 78: Blick in einen Wartesaal zweiter Klasse, 1885
Da der aufwendig ausgestaltete Wartesaalkomplex nicht durch Obergeschosse überbaut worden war, hatte sich hier die Möglichkeit zu »freierer Höhenentwicklung« ergeben. Sorgten tagsüber große Oberlichte für eine »nicht geringe Lichtfülle«, so übernahm diese Funktion abends die im gesamten Betriebshauptgebäude installierte Gasbeleuchtung. Gleishalle und Königspavillon hingegen waren elektrisch illuminiert.

der Praxis, wie sie uns in den »Gates« der Flughäfen heute noch begegnet.
In konsequenter Umsetzung dieser auf eine Teilung der Verkehrsströme abzielenden Überlegungen hatte man drei Wartesaalkomplexe eingerichtet, die den östlichen, den südlichen/westlichen sowie den nördlichen Linien zugeordnet waren und jeweils auch über eine eigene Restauration verfügten. Der sich von hier aus bietende, »durch nichts gehemmte Einblick in die Einsteighalle mit ihren 16 Gleisspuren und den ununterbrochen ankommenden und abgehenden Bahnzügen«[9] mag manchen Reisenden fasziniert haben.
Was die »Allerhöchsten Herrschaften« betraf, so fanden diese im »Königspavillon« – einem Anbau an der Südfront des Bahnhofs – eigene prunkvolle Räumlich-

Abb. 79: Die südliche Längsfront der Gleishalle an der Bayerstraße, 1882
In dieser Aufnahme Georg Böttgers werden – diesmal vom Äußeren her – die gewaltigen Dimensionen der Gleishalle sichtbar. Architektonisch waren deren seitliche Umfassungsmauern im Erdgeschoß durch Dreiergruppen von Rundbögen, im Obergeschoß durch fünfteilige Rundbogen-Fenstergruppen gegliedert. In der Mitte der Anbau des Königspavillons.

Abb. 80: Hochherrschaftliche Ankunft, 1883
Prinz Ludwig Ferdinand, ein Neffe König Maximilians II., und Prinzessin Maria de la Paz – die Eltern von Prinzessin Pilar – halten Einzug in München.

keiten vor. Schon die den Säulenportikus bekrönende »Kolossalgruppe des Bildhauers Dennerlein« – eine allegorische Darstellung der Regenten-Tugenden Gerechtigkeit und Wahrheit – nahm auf den »erlauchten Zweck« Bezug. Aufwendig aber war vor allem der über oktogonalem Grundriß erbaute Hauptsaal ausgestaltet. Stuck, Malerei und Vergoldung prägten den Charakter dieses zehn Meter hohen Raumes ebenso wie das Spiegelgewölbe, in dessen Lünetten »acht hervorragende öffentliche Bauwerke aus den acht Provinzen des Königreiches«[10] abgebildet waren. Die in Wandnischen aufgestellten Büsten der bayerischen Könige rundeten das dekorative Programm ab.

Dieser Blick auf das hochherrschaftliche Kleinod des Bahnhofs möge die Betrachtung der Bauperiode 1876 bis 1884 beschließen. Mit einem Kostenaufwand von rund fünf Millionen Mark hatte der Centralbahnhof während dieser entscheidenden Jahre im wesentlichen sein bis zur Zerstörung im Zweiten Weltkrieg bestimmend gebliebenes Erscheinungsbild erhalten und war zugleich zum Prototyp des klassischen deutschen »Großstadtbahnhofs« geworden.

Abb. 81: Das Innere des Königspavillons im Entwurf
Die für den Königlichen Hof bestimmten Räumlichkeiten umfaßten einen oktogonalen, offiziellen Empfängen dienenden Hauptsaal sowie zwei daran anschließende rechteckige Nebensalons. Letztere wurden jedoch etwas einfacher ausgeführt, als es dieser Entwurf vorgesehen hatte.

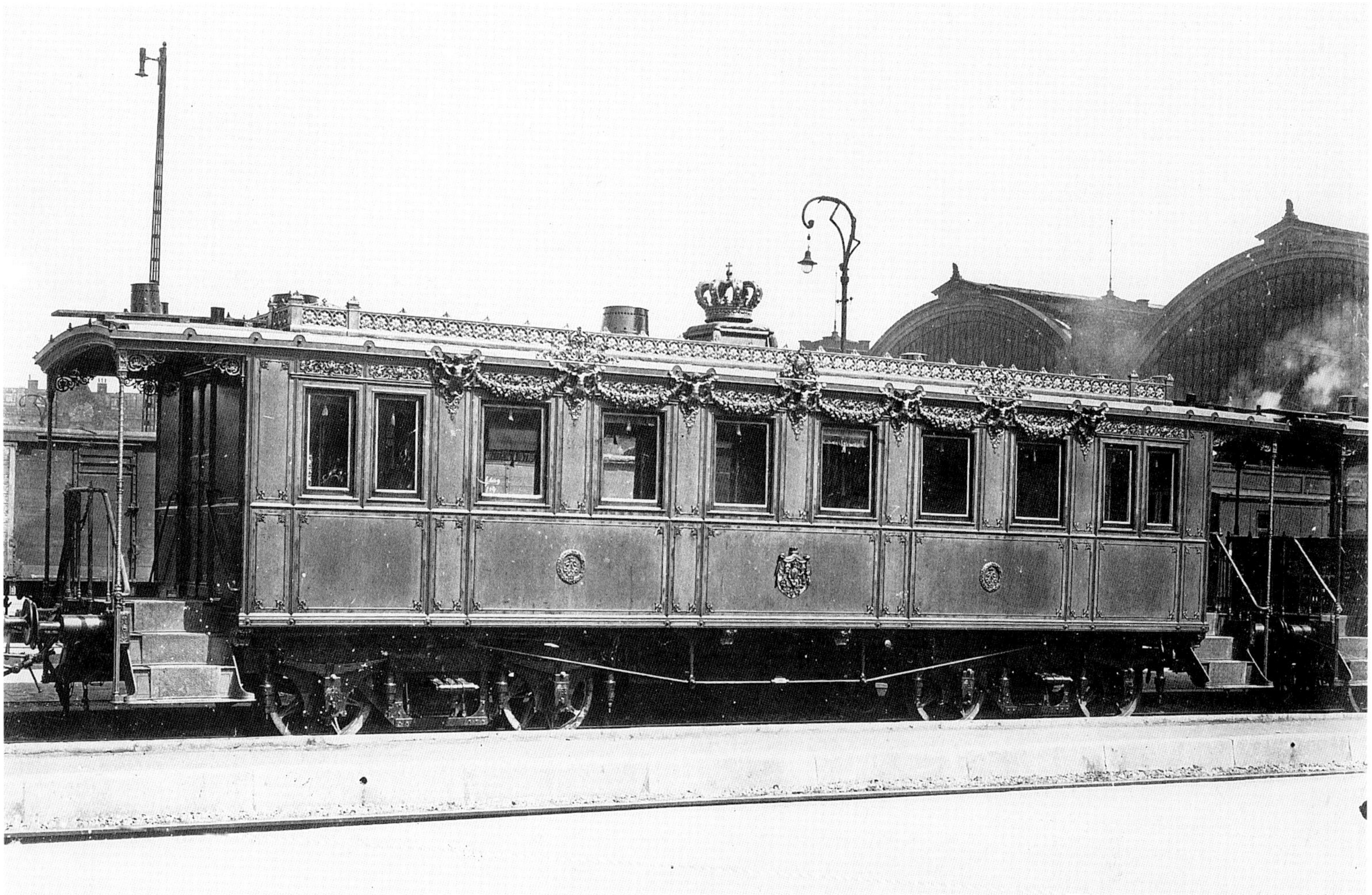

Abb. 82: Der königliche Salonwagen vor dem Centralbahnhof, um 1885
»Herzstück« des Hofzugs, zu dem auch ein Terrassenwagen sowie zwei Wagen für Reisekommissar und Gefolge, ein Dienerschaftswagen mit Heizkessel, ein Packwagen und zwei Küchenwagen gehörten, war der von der Firma Klett & Comp. 1860 gebaute Salonwagen. Seit 1868 trug der »rollende Königssalon« eine Krone als symbolhaften Dachschmuck. Seine Innenausstattung wurde um 1870 auf Wunsch König Ludwigs II. »im Renaissancestil, Genre Louis XIV« umgestaltet.

Utopie und Wirklichkeit

Die Entwicklung vom ausgehenden 19. Jahrhundert bis zum Ende des Ersten Weltkriegs

Schon wenige Jahre nach dem Großumbau des Centralbahnhofs begannen sich abermals Kapazitätsprobleme abzuzeichnen, die kritische Beobachter mit Sorge erfüllten. Zu ihnen zählten vor allem Friedrich Graf und X. B. Liebig,[1] deren kühne Zukunftsvisionen auf grundlegend neue Lösungen der Bahnhofsfrage abzielten.
Während die Generaldirektion der Kgl. Bayerischen Staatseisenbahnen überzeugt war, daß »die Entwicklung der Bahnhofsanlagen nach dem bestehenden Verkehr mit Beachtung der wahrscheinlichen nächsten Steigerung auf eine bemessene Reihe von Jahren« auszurichten sei, dachten Graf und Liebig in ganz anderen zeitlichen Dimensionen: Man müsse vorwärts schauen »mit viel größerer und durchgreifenderer Fernsicht.« Bloße Verbesserungen für fünf bis zehn Jahre hinaus nützten gar nichts, seien vielmehr geradezu schädlich; denn auf diesem Wege habe man es in wenigen Jahren wiederum mit den selben Fragen zu tun unter inzwischen schwieriger gewordenen Verhältnissen.[2] München, »die werdende Millionenstadt«, dürfe nicht »mit dem Maß von Eichstätt und Freising oder gar dem von Vilsbiburg und Nandlstadt« gemessen werden.[3] Der Blick allein auf die Zunahme der Einwohnerzahl ergebe keinen zuverlässigen Anhaltspunkt für die Beurteilung künftiger Stadtentwicklung. Von großer Bedeutung sei vor allem das Wachstum der umliegenden Vororte. Weitere Eingemeindungen würden das Bild ganz erheblich verändern.
Zu berücksichtigen seien schließlich auch die »inneren Potenzen« Münchens – der Hauptstadt des zweitgrößten deutschen Bundesstaates und »geborenen« Metropole Süddeutschlands, die sich anschickte, neben ihrer klassischen Funktion als Kunst- und Fremdenstadt nun auch Industriestadt zu werden.
Für Friedrich Graf gab es schon 1889 nur eine Lösung: »Man kassiere den Centralbahnhof und verlege ihn als Westbahnhof dorthin, wo er hingehört, d.h. an den Burgfrieden der Stadt«[4] – an die äußere Landsberger Straße. Damit wäre die Stadt von jenem »verkehrsstörenden, schnaubenden und rauchenden, die Nachbarschaft belästigenden Ungethüm, dem Centralbahnhofe, befreit und könnte sich für die Zukunft gerade da, wo jetzt der Bahnhof mit seinen Schienengleisen liegt, in großartiger Weise frei entwickeln, ohne jemals von den Schienensträngen eines Sackbahnhofs im Innenverkehr mehr behindert zu sein«.
Am Stadtrand sollten weitere, durch eine Ringbahn verbundene Peripheriebahnhöfe errichtet werden. »Damit« – so Graf – »gehört der Stadt München die Zukunft. Dann wird München wirklich das, wozu es berufen erscheint – eine Großstadt.«
Auch X. B. Liebig konnte in seinen 1896 angestellten Überlegungen dem Centralbahnhof an seinem angestammten Platz wenig abgewinnen, der – einer »chinesischen Mauer« von viereinhalb Kilometer Länge gleich – die nördlich gelegenen Stadtteile von den südlichen trennte. Zudem sei durch diesen »Verkehrs-Wasserkopf« ein genereller »Zug nach dem Westen« bedingt, der die Entwicklung anderer Stadtviertel benachteilige.
Ähnlich wie Graf beklagte Liebig die mangelnde Weitsicht in der Verkehrsplanung: »Flickwerk! das heißt die zum System gewordene Systemlosigkeit. Nur nichts Ganzes schaffen, weil das eben auf einmal eine große Summe erfordern würde, was wiederum den Ruf der Nichtsparsamkeit brächte – daher An- und Aufschachteln an das Bestehende, so mangelhaft dies auch teilweise sein mag, und davon nur so viel, als unumgänglich notwendig ist.«[5]
Dringend geboten schien es Liebig deshalb, die »Geleise des alltäglichen Schablonendenkens« zu verlassen: Der Verkehr müsse »eben einmal nicht bureaukratisch und theoretisch schön berechnet, sondern praktisch in die Hand genommen werden!«
Seine eigene Zukunftsperspektive war – vergleichbar den Vorstellungen Grafs – geprägt vom Gedanken der Dezentralisation: Sechs rund um München angeordnete Hauptbahnhöfe sollten durch eine Ringbahn gleichsam zu einem »Zentralbahnhof höheren Grades« verbunden werden.
An solchen »Bahnhöfen ersten Ranges« plante er:
- einen »Westbahnhof« zwischen Laim und Pasing;

- einen »Nordbahnhof« in Schwabing;
- einen »Inselbahnhof« auf der Kohleninsel, der heutigen Museumsinsel, sowie
- einen Bahnhof »Großhesselohe rechtes Ufer«.
- Aufrücken in diese Kategorie zentraler Verkehrsknotenpunkte sollte auch der bereits bestehende »Ostbahnhof«, der bisher – »gleich an Rang einem Dorfbahnhof à la Trudering« – lediglich »Haltestelle« war.
- Der Centralbahnhof schließlich sollte als »Ring-Zentrale« eine neue Funktion erhalten.

Darüber hinaus sah Liebig vier weitere Bahnhöfe zweiten und sieben Bahnhöfe dritten Ranges sowie 14 Haltestellen entlang der Ringbahn vor. Diese Vielzahl an Bahnhöfen würde gleichsam »einen Rosenkranz von Ansiedlungskernen rund um die Stadt« bilden und damit die bauliche wie wirtschaftliche Entwicklung Münchens nach allen Richtungen hin fördern.
Die Ringbahn, als Hochbahn angelegt und elektrisch betrieben, sollte neben der Verbindung der Hauptbahnhöfe vor allem dem Peripherieverkehr dienen

Abb. 83: Entwurf Friedrich Grafs für die Neubebauung des Bahnhofsareals, 1889
Graf plante die Verlagerung des Centralbahnhofs westwärts an die äußere Landsberger Straße. Anschließend sollte das bisherige Gelände des Bahnhofs zwischen der Bayerstraße und der Salzstraße, der heutigen Arnulfstraße, in repräsentativer Weise neu bebaut werden. Vorgesehen war dabei die Anlage zweier neuer Straßenzüge – der Kaiser-Wilhelm-Straße und der Kaiser-Franz-Joseph-Straße – sowie die Ausgestaltung des bisherigen Bahnhofsplatzes mit Grünanlagen und Springbrunnen.

und Ausgangspunkt für den zu intensivierenden Vorortverkehr werden – »gehört doch die Umgebung einer Stadt nicht minder zu dieser wie deren eigentliche innere Straßen«.
Auch zum innerstädtischen Verkehr hatte sich Liebig Gedanken gemacht. Die Trambahn erschien ihm als »ein ziemlich theures, sehr langsames und bei einigermaßen starkem Verkehrsandrang völlig unzulängliches Beförderungsmittel«[6], dem er keine weiteren Chancen einräumte. Den Weg in den »Untergrund« hielt er für zu kostspielig. So richtete er sein Augenmerk auf die Luft als »Zukunftstrace« für den Stadtverkehr und empfahl die Einrichtung einer Schwebebahn nach dem Vorbild Wuppertals.
Betrachtet man die an der Wende vom 19. zum 20. Jahrhundert angestellten Überlegungen einer zukunftweisenden Verkehrsgestaltung, so darf neben Friedrich Graf und X. B. Liebig der Ingenieur Theodor Lechner als »Dritter im Bunde« nicht fehlen. Was wirklich Not tat, war seiner Meinung nach ein zweiter, zentral gelegener Verkehrsmittelpunkt, für dessen Situierung er – ähnlich wie Liebig – die Kohleninsel ins Auge faßte. »Diesen bevorzugten Punkt für den Verkehr zu reservieren«, schien ihm »eine der schönsten Aufgaben des angehenden neuen Jahrhunderts zu sein«[7].
Der von Lechner geplante Durchgangsbahnhof sollte mit seinen Gleisanlagen »in eleganter, leichter Form« die Ludwigsbrücke überspannen. Damit wäre zugleich »eine prächtige Umrahmung für das unter ihm flutende Leben und für das dahinter stehende Städtebild« geschaffen.
Dieser »Inselbahnhof« war gedacht als Entlastung für den Centralbahnhof und Schaltstelle für den im Aufbau befindlichen Vorortverkehr, dem Lechner auch im Hinblick auf eine Verbesserung der Wohnungsverhältnisse in München große Bedeutung beimaß. »Statt der hohen Mietskasernen im Stadtinnern« sah er bereits »einen großen Garten mit hellen, freundlichen Häuschen sich ausdehnen nach allen Richtungen der städtischen Peripherie«[8].

Abb. 84: Der »Inselbahnhof« Theodor Lechners im Entwurf, 1900
Lechners Bahnhof auf der Kohleninsel sollte eine neue »architektonische Zierde« für München werden. Die über die Ludwigsbrücke hinwegführenden Gleise waren in ihrer Höhe so bemessen, daß »die höchsten Straßenfuhrwerke unter den Bogen der Bahnbrücke passieren konnten«.

Als innerstädtische Verbindungsmöglichkeit dachte er an eine unterirdische »Stadtbahn«, die in ihrer ersten Ausbaustufe vom Centralbahnhof über Stachus, Marienplatz, Isartor und Kohleninsel zum Ostbahnhof führen sollte – ein Gedanke, der, wenngleich zwar nicht im Frühling des neuen Jahrhunderts, so doch in dessen zweiter Hälfte seine Realisierung gefunden hat.
Hinsichtlich der Bebauung der Kohleninsel allerdings ging der Zug der Zeit in eine andere Richtung: Hier legte Prinzregent Luitpold am 13. November 1906 den Grundstein zum Bau des Deut-

Abb. 85: Heimkehr aus der Sommerfrische, 1897
Nach einer Zeichnung von G. Heine
Dieses »Herbstbild aus dem Vestibül des Zentralbahnhofs« erinnert an die Zeit, als der Urlaub noch »Sommerfrische« hieß. Nicht sportliche Bräune, sondern die Zunahme an Gewicht galt dabei als Gradmesser für den Erholungswert. Schon am Bahnsteig konnte man die erzielten Erfolge überprüfen.

schen Museums – in Anwesenheit Kaiser Wilhelms II., im Beisein der Prinzen und Prinzessinnen des bayerischen Königshauses, »unter der Teilnahme berufenster Männer aus allen Gauen des Reiches und unter dem Jubelruf der ganzen Bürgerschaft von München«[9].
»Der braune Rauch, der aus dem Schornstein der Lokomotive über Felder und Wiesen hinzieht, ist die charakteristische Farbe unserer Zeit, und der dahinbrausende Zug mit seinem gellenden Pfiff, seinem Rädergeklapper und dem Fauchen der Bremsen liefert den Grundton für die Symphonie unserer Zeitepoche!«[10] Diese Worte Theodor Lechners beleuchten die umfassende Bedeutung, die der Eisenbahn um die Jahrhundertwende zukam, als der Kraftfahrzeugverkehr erst an seinem Anfang stand und der Luftverkehr das Stadium des Experiments noch nicht verlassen hatte.
Seit dem letzten Großumbau des Centralbahnhofs um 1880 waren gravierende Änderungen eingetreten: Vergleicht man die Einwohnerzahl Münchens in den Jahren 1880 und 1900, so hatte sich diese von rund 230 000 auf nahezu 500 000 erhöht. Im selben Zeitraum war die Zahl der im Centralbahnhof »abbeförderten Personen« von 1 427 000 auf 4 587 000 angewachsen und das Gesamtvolumen des Güterverkehrs von rund einer Million auf knapp drei Millionen Tonnen gestiegen. So verwundert es nicht, daß die Bahnhofsfrage – als »Lebensfrage für München« – auch in der breiten Öffentlichkeit heftig diskutiert und zum Gegenstand manch erregter Debatte im bayerischen Landtag wurde.

Abb. 86: Blick auf Querbahnsteig und Gleishalle, um 1910

1910 betrug die Zahl der »abbeförderten Reisenden« an Werktagen durchschnittlich 15 500, an Sonn- und Feiertagen durchschnittlich 30 900. Die Höchstzahl an Reisenden wurde mit 109 000 am Pfingstsonntag 1910 erreicht. Bei Spitzenbelastungen standen bis zu 900 Züge im Einsatz.

Um den »Modus der Kontrolle« zu erleichtern, hatte man im November 1894 Bahnsteigsperren in Betrieb genommen. Diese Einrichtung sollte erst zum 1. Mai 1974 endgültig aufgehoben werden.

Abb. 87: Die Schalterhalle, um 1910

Die nach den Plänen Friedrich Bürkleins erbaute alte Einsteighalle hatte beim Großumbau der Jahre 1876 bis 1884 eine neue Funktion erhalten: Sie diente – in ihrer Länge auf 48 Meter reduziert – von da ab bis zu ihrer Zerstörung im Zweiten Weltkrieg als Hauptvestibül und Schalterhalle.

An der Rückwand sind die beiden 1860 geschaffenen halbkreisförmigen Freskogemälde Michael Echters zu erkennen. Die darunter befindliche Galerie war von den im ersten Stock gelegenen Büroräumen aus zugänglich.

Abb. 88: Wilhelm Arendts – Bahnhofsverwalter um die Jahrhundertwende

Staatsbesuche gehörten zu den herausragenden Ereignissen im Leben des Bahnhofsvorstands. In seiner Eigenschaft als »Hausherr« oblag ihm die Begrüßung der »erlauchten Gäste«, die ihn ihrerseits bei diesen Anlässen durch Ordensverleihungen auszeichneten.

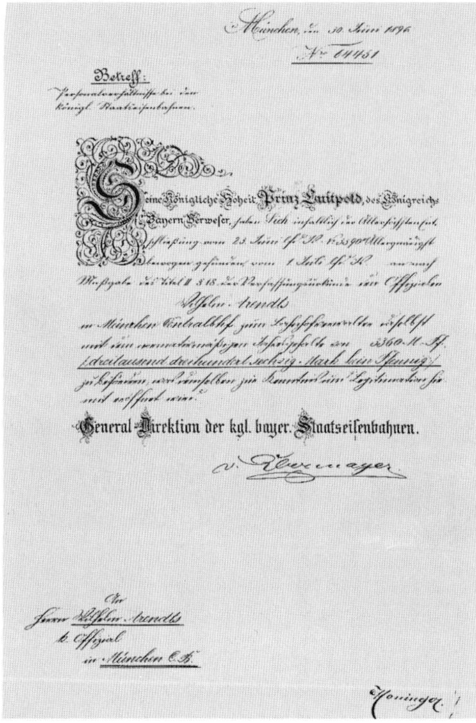

München, den 30. Juni 1896.

Betreff:

Seine Königliche Hoheit Prinz Luitpold, des Königreichs Bayern Verweser, …

General-Direktion der kgl. bayer. Staatseisenbahnen.

Abb. 89: Beförderung des Kgl. Offizials Wilhelm Arendts zum Bahnhofsverwalter, 1896

Prinzregent Luitpold hatte sich »Allergnädigst bewogen gefunden, vom 1. Juli laufenden Jahres an den Offizialen Wilhelm Arendts in München Centralbahnhof zum Bahnhofsverwalter daselbst mit einem Jahresgehalte von 3.360 Mark zu befördern«.

Abb. 90: Leben und Treiben am Hauptbahnhof, um 1910

Seit 60 Jahren war der von Friedrich Bürklein geschaffene Bahnhof nun schon Schauplatz geschäftigen Kommens und Gehens. Die großen Hotels der Stadt übernahmen mit eigenen Kutschen und Omnibussen den Transfer ihrer Gäste.

Abb. 91: Bierverladung auf dem Centralbahnhof, 1890
Nach einer Zeichnung von Walther Püttner
Die Brauindustrie benötigte für den Bierversand speziell isolierte, zusätzlich mit Kühl- und Heizvorrichtungen ausgestattete Transportwagen. 1890 standen bei den bayerischen Staatsbahnen insgesamt 437 bahneigene und 589 brauereieigene Bierwagen im Einsatz.

Abb. 92: Die »Bayerpost«, um 1900
Das Postamt an der Bayerstraße war in den Jahren 1896 bis 1900 nach Plänen von Oberregierungsrat Wilhelm Fischer erbaut worden. Ab 1905 war es Ausgangspunkt für die zunächst bis zur »Residenzpost« führende »Poststraßenbahn«. Der Postbetrieb per Trambahn wurde erst am 22. Juni 1959 endgültig eingestellt.

Zwar erkannte man auch seitens der Regierung durchaus die bestehenden Mängel und Engpässe. Die vorgesehenen »Mittel zu ihrer Beseitigung« allerdings wichen erheblich von den oben skizzierten Großprojekten ab. Sie beschränkten sich auf eine Reihe von Modernisierungs-, Erweiterungs- und Umbaumaßnahmen, die mit »mäßigem Kostenaufwande« zu verwirklichen waren.
Betrachtet man die 1890er Jahre, so waren es zwei Bauvorhaben, die – wenn auch nur vorübergehend – Entlastung von der »drangvoll fürchterlichen Enge« brachten.
Zum einen konnte 1893 der neue Rangierbahnhof Laim seinen Betrieb aufnehmen; von dort aus führten eigene Gütergleise zu den nächstgelegenen Stationen der einzelnen Bahnlinien.
Zum andern errichtete man für die Abfertigung des Personenverkehrs nach Starnberg in der Grünanlage nördlich der Bahnhofshaupthalle einen ersten provisorischen »Flügelbahnhof«, durch den sich die Zahl der verfügbaren Gleise von bisher 16 auf zunächst 22 erhöhte.
»Mißlich« waren inzwischen aber auch die Zustände im Empfangsgebäude des Centralbahnhofs geworden: »Alles ist so ungemein praktisch und übersichtlich angelegt,« – schreibt ein zeitgenössischer Kritiker –, »daß man sogar sich veranlaßt sah, Portiers aufzustellen, welche nur dazu da sind, die herumirrenden Fremdlinge, welchen die Einrichtungen unseres kostbaren Bahnhofs ewig ein Buch mit sieben Siegeln bleiben,

aufzufangen und ihnen die richtigen Wege zu zeigen.«[11]
Nicht besser stand es um den Paketverkehr, für dessen Abwicklung aushilfsweise Warte- und Restaurationssäle herangezogen werden mußten. Aber auch die Beamten der »Zeitungs-Abtheilung« waren arm dran, die in »geradezu winzigen Räumen« Millionen ein- und ausgehender Zeitungen richtig und prompt zu expedieren hatten: »Regal steht an Regal, und der manipulierende Beamte hat kaum soviel Bewegungsraum, daß er sich im Notfall umwenden kann.« Da zudem die Anzahl der Regale nicht ausreichte, erforderte es »strategisches Genie«, um den anstehenden Arbeiten gerecht zu werden. Auch die Abfertigung der Briefpost erfolgte unter ähnlich schwierigen Bedingungen.
Eine Reihe von Baumaßnahmen schuf hier vorerst einmal Abhilfe: Zahlreiche Schaltereinbauten entlang der Längsseiten des Hauptvestibüls ersetzten den bislang in der Raummitte befindlichen Kiosk für »Billet-Abgabe«, was dem »Passagier-Verkehr« zugute kam; hofseitige Anbauten erleichterten die Abwicklung des Gepäckverkehrs, und die Post konnte im Jahre 1900 den nach Plänen von Wilhelm Fischer an der Bayerstraße errichteten Neubau beziehen.
Seinen Abschluß fand das Baukonzept der Jahrhundertwende mit der Entscheidung des Jahres 1911, einerseits den provisorischen Starnberger Bahnhof durch einen Massivbau zu ersetzen und andererseits an der Bayerstraße ein südliches Pendant für den Verkehr nach Holzkirchen zu schaffen.

Abb. 93: Die »Einparkierung« bayerischer Truppen im Hauptbahnhof, 1914
»Wenige Stunden nach dem Ausspruch der Mobilmachung gingen« – nach einem Bericht der Kgl. Bayerischen Verkehrsverwaltung – »auch schon die ersten Militärzüge an die bedrohten Reichsgrenzen ab. Die Aufmarschbewegung schwoll von Tag zu Tag mehr an. Nahezu 14 Tage lang rollte Tag und Nacht Zug auf Zug in ununterbrochener Folge den Grenzen zu, bis unsere Armeen vormarschbereit dort versammelt waren.«

Abb. 94: Rotarmisten vor dem Hauptbahnhof nach Ausrufung der Zweiten Räterepublik, Mitte April 1919
München zählte neben Berlin zu den Zentren der deutschen Revolution 1918/19. In den monatelangen bürgerkriegsähnlichen Zuständen, die hunderte Todesopfer forderten, war der Hauptbahnhof eines der meistumkämpften Objekte.

1913 wurde mit der Realisierung dieser beiden Bauvorhaben begonnen, doch geriet deren Fortgang durch den Ausbruch des Ersten Weltkriegs ins Stocken. Mit der Mobilmachung am 1. August 1914 war auf den Bahnhof – wie auf das gesamte Eisenbahnwesen – eine Herausforderung bis dahin unbekannten Ausmaßes zugekommen, deren Bewältigung die äußerste Anspannung aller Kräfte erforderlich machte. Erst nachdem auch die Folgen von Revolution und Rätezeit überwunden waren, konnte man an die Fortführung der begonnenen Baumaßnahmen gehen.
Mit der Inbetriebnahme der beiden Flügelbahnhöfe am 30. April 1921 standen nun insgesamt 32 Bahnsteiggleise zur Verfügung. Damit zählte der Münchner »Hauptbahnhof«, wie er seit der Jahrhundertwende offiziell hieß, zu den größten Kopfbahnhöfen Europas. Doch die anstehenden Probleme waren jeweils nur mit Blick auf den unmittelbar aktuellen Bedarf gelöst worden. Die im ausgehenden 19. Jahrhundert formulierten Hoffnungen auf eine grundlegende Neuorientierung in der Bahnhofsfrage hatten sich nicht erfüllt.

Abb. 95: Der Starnberger Bahnhof, um 1925
Der im ausgehenden 19. Jahrhundert zunächst als Holzprovisorium errichtete Starnberger Bahnhof wurde 1913 bis 1921 durch einen Neubau ersetzt. Dieser umfaßte eine hohe, gewölbte Schalterhalle mit flachen, seitlichen Anbauten, eine hölzerne Querbahnsteighalle und zehn Gleise. Im Zweiten Weltkrieg wurde dieser Bau fast zur Gänze zerstört.

Abb. 96: Der Holzkirchner Bahnhof, um 1925
Der Flügelbahnhof für den Verkehr nach Großhesselohe und Holzkirchen mußte westlich der Paul-Heyse-Straße angelegt werden, da östlich von dieser die verfügbare Fläche nicht ausgereicht hätte und deshalb für den Bau des Postgebäudes freigegeben worden war. Mit der Inbetriebnahme des Holzkirchner Bahnhofs 1921 standen sechs weitere Gleise zur Verfügung.

Der Bahnhof und seine Umgebung

Ehe wir die Geschichte des Bahnhofs in ihrem chronologischen Verlauf weiter verfolgen, sei an dieser Stelle kurz innegehalten und ein Blick auf dessen unmittelbares Umfeld geworfen, das bis zur Jahrhundertwende Zug um Zug zu einem Zentrum städtischen Lebens und wirtschaftlicher Entwicklung herangewachsen ist.
Die Anfänge allerdings waren bescheiden. Als die Leipziger »Illustrirte Zeitung«, deren eingehende Bildberichterstattung sich auch für die Münchner Stadtgeschichte immer wieder als Fundgrube erweist, 1851 dem neuerrichteten Centralbahnhof eine erste ausführliche Darstellung widmete, fand sie für Bürkleins »durch Wohlhäbigkeit, Geschmack und technischen Fortschritt«[1] gleichermaßen gekennzeichnete Schöpfung viele rühmende Worte. Als »größtentheils sehr ungeziemend« hingegen bezeichnete sie »die nächsten Umgebungen des Bahnhofs«.
Der erste Blick des Fremden fiel nämlich auf das Hintergebäude der Wirtschaft »Zum großen Rosengarten«, das »zum Theil zur Wohnung, zum Theil zur Stallung diente und dem Beschauer eine dürftige Façade von kleinen und größeren, kreuz und quer angebrachten Fenstern bot«. Auch der von einem einfachen Lattenzaun umgebene »Sterngarten« und die seitlich des Bahnhofs sich erstreckenden »Salzstädel« waren wenig dazu angetan, dem Ankömmling einen Eindruck »von Münchens sonstiger Herrlichkeit« zu vermitteln. Diese Situation sollte sich durch die Anziehungskraft des neuen Verkehrsmittelpunkts in den folgenden Jahrzehnten vollständig verändern.
Schon 1860 bis 1865 hatte Georg von Dollmann, dessen Name eng mit den Schloßbauten König Ludwigs II. verbunden ist, an der Stelle des »Großen Rosengartens« das Directorialgebäude der Telegraphenverwaltung erbaut. Als zum 1. Mai 1883 der Münchner Telephonverkehr »mit 145 Abonnenten definitiv ins Leben trat«, übernahm es auch für die neue Kommunikationstechnik eine wichtige Funktion: Es wurde zum Standort der »Umschaltestelle II«, die 1899 – nach Umrüstung auf den sogenannten Multiplex-Betrieb – über eine Gesamtkapazität von bereits 10 800 Anschlüssen verfügte.

Abb. 97: Das Telegraphenamtsgebäude am Bahnhofplatz, um 1895
Dieser nach Plänen von Georg von Dollmann ausgeführte Bau enthielt »in einem Souterrain und vier Geschoßen alle für die bayerische Telegraphenverwaltung nothwendigen Lokalitäten und Bureaux«. Seit der Einführung des Telefonverkehrs 1883 war hier auch die »Umschaltestelle II« untergebracht – deutlich erkennbar an den zahlreichen, auf dem Dach des Gebäudes angebrachten Ständern für die Telefonleitungen.
Im Vordergrund die Pferdebahn, deren erste, 1876 eröffnete Linie vom Promenadeplatz über den Karlsplatz zum Centralbahnhof und von hier aus durch die Dachauer bis zur Nymphenburger Straße führte. Rechts im Hintergrund der Turm der protestantischen Matthäuskirche in der Sonnenstraße.

Abb. 98: Die »Umschaltestelle II«, um 1900
Dem technischen Fortschritt folgend, hatte man hier 1899 eine »Multiplexumschaltung modernster Konstruktion« installiert. Da damit das »Vermittlungsgeschäft« erstmals im Sitzen ausgeübt werden konnte, wurde dieses nun zu einer Domäne der Frauen – sofern sie »einer achtbaren Familie« angehörten, über gute Schulbildung sowie »ungetrübten Leumund« verfügten und der Amtsarzt ihnen das »Befreitsein von Hysterie« bescheinigte. Die Gesamtkontrolle allerdings oblag einem männlichen Aufsichtsbeamten.

Abb. 99: Das Warenhaus Hermann Tietz, um 1910
Das 1905 eröffnete Geschäftshaus verfügte über große Verkaufsabteilungen »für alle Waren der Textil- und keramischen Branchen, für Kunst- und Sportgegenstände und für Lebensmittel«. Es war nach den »neuesten bau- und feuertechnischen Prinzipien« erbaut: Eine eigene Dieselmotoren-Anlage sorgte unabhängig vom städtischen Leitungsnetz für die Stromversorgung. Eine Dampfheizung, ein Luftbefeuchtungssystem, elektrische Aufzüge und umfangreiche Feuerlöscheinrichtungen gewährleisteten Komfort und Sicherheit.

Abb. 100: Blick in die Bayerstraße, um 1905

Diese historische Bildpostkarte zeigt rechts die südliche Hallenlängswand des Bahnhofs mit dem Anbau des Königspavillons. In der Bildmitte das 1900 vollendete Postgebäude – die »Bayerpost«. Links das »Hotel Terminus« mit seiner prächtigen, von Martin Dülfer geschaffenen Jugendstil-Fassade.

Abb. 101: Hotel Deutscher Kaiser, um 1900
Die Geschichte des am Beginn der Arnulfstraße gelegenen Hotels reicht bis ins Jahr 1864 zurück, als Michael Bader hier eine Tafernwirtschaft eröffnete. Er nannte sie »Zur Ostbahn« – in Anspielung auf die zu damaliger Zeit gegenüberliegende Gleishalle der privaten Ostbahn-Gesellschaft. Nach der Kaiserproklamation am 18. Januar 1871 erhielt der Gasthof die Bezeichnung »Deutscher Kaiser«. 1894/95 wurde das alte Gebäude abgebrochen und durch einen repräsentativen Neubau ersetzt. Links im Bild der Nordpavillon des Bahnhofs.

Abb. 102: Georg Strebls Automatenrestaurant an der Bayerstraße, um 1900
Eine Alternative zur klassischen Gaststätte bot Strebls Selbstbedienungsrestaurant. »Zwanglos, gut und rasch« konnte sich der eilige Gast hier versorgen.

Auch auf dem in unmittelbarer Nachbarschaft des Telegraphenamtsgebäudes gelegenen Areal des »Sterngartens« zeichneten sich tiefgreifende Veränderungen ab. 1889 nämlich hatten die Brüder Hermann und Oscar Tietz – veranlaßt durch das »Prosperieren« ihres ersten Geschäfts in Gera – den Sprung nach München gewagt, um in der bayerischen Metropole gleichfalls ein der »Centralisierung des Detailverkaufs«[2] dienendes Warenhaus zu eröffnen. Ihr zunächst am Stachus befindliches »gemischtes Warengeschäft« erfreute sich rasch eines großen Kundenkreises, doch hatte man bald mit Raumproblemen zu kämpfen.
So reifte der Entschluß zum Bau eines neuen Geschäftshauskomplexes heran, für dessen Situierung das Gelände des »Sterngartens« zwischen Bahnhofplatz, Schützen-, Prielmayer- und Luitpoldstraße ausersehen wurde. Als das nach Plänen von Max Littmann hier errichtete »Warenhaus Hermann Tietz« – dessen Name in der Bezeichnung »Hertie« heute noch fortlebt – 1905 den Betrieb aufnahm, galt es als eines der bedeutendsten Etablissements dieser Art in Deutschland. Mit seiner »in einheimischer Formensprache« gestalteten »Außenerscheinung« prägt es bis heute die ostseitige Physiognomie des Bahnhofplatzes.
Auch das Bild der beiden den Bahnhof seitlich begrenzenden Straßenzüge – der Bayerstraße im Süden und der Arnulfstraße im Norden – war bis zur Jahrhundertwende ein völlig anderes geworden.

Abb. 103: Hotel Europäischer Hof, um 1892
Der »Europäische Hof« an der Bayerstraße – 1872 als »Hotel de l'Europe« gegründet und 1892 im Stil der Gründerjahre umgebaut – erfreute sich hoher Besucherzahlen:
»Im Hotel Europa is bequem z'logirn,
Dös hab i von Leut g'hört,
Dös überall probirn.«

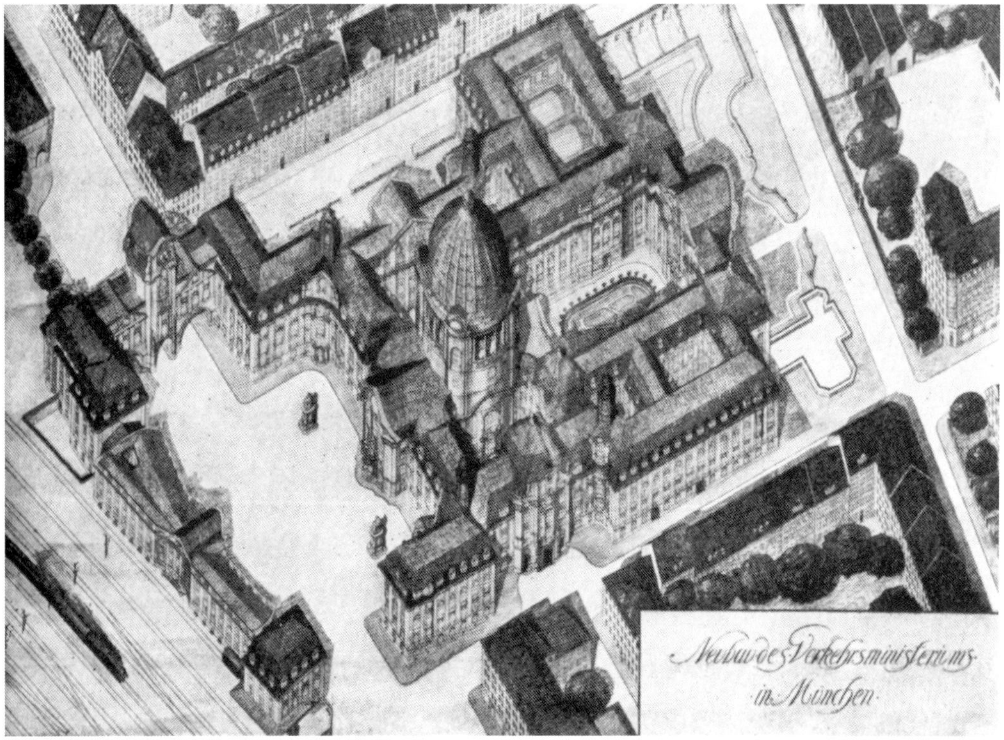

Abb. 104: Der Gebäudekomplex des Verkehrsministeriums im Entwurf, 1904
Eindrucksvoll werden hier die gewaltigen Dimensionen der Gesamtanlage zwischen Seidl-, Arnulf-, Hopfen- und Marsstraße deutlich. Dieses Haupt- und Spätwerk Carl Hocheders war um eine Reihe von Innenhöfen angeordnet. Es wurde von einer Ovalkuppel bekrönt, deren äußerer Durchmesser 32 Meter betrug. Durch Einbeziehung des entlang der Bahngleise sich erstreckenden Geländes und die Überbauung der Arnulfstraße schuf der Architekt zusätzlich ein dem Hauptkomplex vorgelagertes geschlossenes Forum, das den residenzartigen Charakter dieses Staatsbaus noch erhöhte.

Schon bald nach Eröffnung des Centralbahnhofs hatten sich hier an zukunftsträchtigem Standort erste einfache Gasthöfe und Wirtschaften etabliert. Aus diesen bescheidenen Anfängen entwickelte sich innerhalb nur weniger Jahrzehnte ein blühendes Beherbergungsgewerbe. Es trug dem kontinuierlich wachsenden Zustrom an Fremden Rechnung, deren Zahl sich von 157 000 im Jahre 1875 auf 582 000 im Jahre 1910[3] erhöht hatte. Die im Stil der Gründerzeit teils umgebauten, teils neu errichteten Hotels wurden zu einer bedeutsamen wirtschaftlichen wie architektonischen Komponente im Bahnhofsumfeld; ihre Ausstattung »mit allem Comfort der Neuzeit« entsprach den gewandelten Ansprüchen; ihre zumeist eindrucksvollen Namen – wie »Deutscher Kaiser«, »Metropol« oder »Hotel de l'Europe«, um nur einige zu nennen – vermittelten weltstädtisches Flair.

Unbestreitbarer Höhepunkt in der Entwicklung des Bahnhofviertels bis zum Ersten Weltkrieg war jedoch der monumentale Neubau des Verkehrsministeriums[4] auf dem weiträumigen Gelände zwischen Seidl-, Arnulf-, Hopfen- und Marsstraße. In den Jahren 1905 bis 1913 entstand hier nach Plänen des Architekten Carl Hocheder unter Verwendung barocker Stilelemente ein vielgliedriger Baukomplex, der sich um sechs Innenhöfe gruppierte. Seinen optischen Schwerpunkt erhielt er durch eine mächtige, 72 Meter hohe Kuppel – Gegenpol zur St.-Pauls-Kirche nächst der Theresienwiese –, die zu einem neuen, weithin sichtbaren Wahrzeichen Münchens wurde.

Ein dreibogiger, die Arnulfstraße überspannender Torbau verband nach 1916 die Hauptanlage mit langgestreckten südlichen Seitentrakten und rundete das großzügig-repräsentative Gesamtbild ab.

Nach weitgehender Zerstörung im Zweiten Weltkrieg und etappenweisem Ruinenabbruch erinnern heute nur noch wenige Relikte an dieses Bauwerk, das einstmals zu den herausragenden Dominanten im Stadtbild zählte.

Carl Hocheders eindrucksvoller Gebäudekomplex, der nicht nur dem 1903 eingerichteten Kgl. Bayerischen Staatsministerium für Verkehrsangelegenheiten, sondern zugleich auch dem neuen »Zentral-Briefpostamt« als Domizil

Abb. 105: Blick über die Gleisanlagen auf das neue Verkehrsministerium, um 1920

diente, ist – über seine architektonische Bedeutung hinaus – aber auch noch in anderer Hinsicht interessant. Seit Oktober 1910 nämlich verkehrte zwischen dem Briefpostamt im westlichen Trakt an der Hopfenstraße und dem Bahnhof die erste Münchner Untergrundbahn[5] – eine vielbestaunte technische Novität, die zur Beförderung der Briefsendungen bestimmt war.

Der rund 350 Meter lange, 2,35 Meter breite und 1,80 Meter hohe Tunnelbau hatte »eine rechteckige Querschnittsform mit einer kastenförmigen Vertiefung in der Mitte, die das Begehen durch das Personal ermöglichte, während auf den beiderseitigen Banketten die Schienen für die Schmalspurbahn verlegt wur-

Abb. 106: Münchens erste Untergrundbahn, um 1910
1910 hatte die Postuntergrundbahn zwischen dem Zentral-Briefpostamt an der Hopfenstraße und dem Bahnhof ihren Betrieb aufgenommen. Die beiden bis zur Modernisierung des »rollenden Materials« 1966 verkehrenden Zugeinheiten bestanden jeweils aus einer elektrischen Speziallokomotive, an die beidseits zwei Loren mit einer Nutzlast von je 120 Kilogramm angehängt waren.
Im Herbst 1991 wird voraussichtlich der im Bau befindliche neue Tunnel dem Betrieb übergeben werden. Der Transport wird mittels bemannter, von Elektroschleppern gezogener Gepäckwagenzüge erfolgen.

den«.[6] Die Ausführung erfolgte als »Plattenkanal nach dem patentamtlich geschützten System Eschenbrenner«. Dieses gewährleistete einen raschen Baufortgang, da »die einzelnen Wandstücke sowie die trogartigen Bodenstücke in fertigem Zustande versetzt werden konnten«. An der Unterführung der Seidlstraße erreichte der Tunnel mit 6,80 Metern unter der Straßenoberfläche seine größte Tiefenlage. Obwohl die Baumaßnahmen durch »überaus reichlichen Wasserandrang« erschwert waren, konnte das beauftragte Unternehmen – die Deutsche Massivdecken- und Platten-Kanal-Gesellschaft m.b.H. – dennoch »alle Ausführungen innerhalb der vorgesehenen Zeit in völlig einwandfreier Weise betätigen«.
Für den »auf elektrischem Wege« erfolgenden Betrieb hatten die Siemens-Schuckert-Werke entsprechende Installationen verlegt und in Zusammenarbeit mit der Münchner Firma Krauss & Comp. AG auch kleine, drei PS starke Speziallokomotiven hergestellt. Die Anhänger – einachsige Loren – waren hingegen Eigenkonstruktionen der Postwerkstätten. Jeweils zwei führerlose Zugeinheiten befanden sich gleichzeitig im Einsatz und beförderten mit einer Geschwindigkeit von zehn Stundenkilometern täglich rund 400 000 Sendungen.
Doch die »Post-Métro« – einstmals Vorbild für ähnliche Einrichtungen in London, Zürich und Luzern – gehört inzwischen der Vergangenheit an. Nachdem sie im Laufe ihres 78jährigen Bestehens manche Veränderung erfahren hatte, wurde der Betrieb am 21. April 1988 endgültig eingestellt.
Schließlich sei aber auch noch eines anderen, zum Bahnhof in engem Bezug stehenden Bauwerks gedacht – nämlich der Hackerbrücke, die zu ihrer Entstehungszeit in Fachkreisen Aufsehen erregte.
Schon 1869/70 hatte man die Beseitigung der »die Geleise im Niveau überschreitenden Überfahrten« in Angriff genommen, da sie für Fußgänger und Fuhrwerke zusehends gefährlicher und für den Eisenbahnbetrieb zusehends hinderlicher geworden waren. An die Stelle dieser Übergänge »zu ebener Erde« trat eine erste Generation einfacher Straßenbrücken, unter denen die dem Bahnhof zunächst gelegene »Herbststraßenbrücke« die »frequenteste« war.[7]

Abb. 107: Die »Herbststraßenbrücke«, um 1870
Die Herbststraße bildete einst den meistfrequentierten Übergang über die Bahngleise. 1869/70 wurde an dieser Stelle eine Brücke errichtet. Ihr eiserner Oberbau – vom »Maffei'schen Etablissement« in Regensburg geliefert – war in einfacher Fachwerkkonstruktion nach dem Zugbandsystem ausgeführt.

Ihre Funktion übernahm ab 1894 die geringfügig nach Westen versetzte, von der Maschinenbau-Actiengesellschaft Nürnberg, Filiale Gustavsburg, erbaute Hackerbrücke.

Bis heute hat dieser bemerkenswerte Bau weitgehend sein ursprüngliches Erscheinungsbild bewahrt: Die »kraftvolle Energie« sechs mächtiger, jeweils 29 Meter überspannender Fachwerkbogenträger fügt sich mit der »linearen Grazilität horizontaler und vertikaler Verstrebungen«[8] zu einem harmonischen Ganzen, dem jeglicher dekorative Schmuck, jegliches die Funktionalität

Abb. 108: Die Hackerbrücke im Bau, um 1892
Da die »Herbststraßenbrücke« Ende der 1880er Jahre dringend erweiterungsbedürftig geworden war, entschloß man sich zu einem etwas nach Westen versetzten Neubau, der unter dem Namen »Hackerbrücke« 1894 dem Betrieb übergeben wurde. Dank einer durchgreifenden Sanierung 1983/84 präsentiert sich diese auch heute noch – nach rund 100jährigem Bestehen – weitgehend in ihrer ursprünglichen Gestalt.

kaschierende Beiwerk fehlt. Mit dieser ausschließlichen Beschränkung auf die ästhetische Wirkung der Konstruktion verwies die Hackerbrücke zu ihrer Entstehungszeit bereits in das 20. Jahrhundert.
Der Blick auf dieses auch heute noch Beachtung verdienende Denkmal technisch-industrieller Kultur möge die Betrachtung des Bahnhofumfeldes beschließen, das sich bis zur Zäsur des Ersten Weltkriegs zu einem Schwerpunkt im Stadtbild entwickelt hat.

Die Großbauprojekte des »Dritten Reichs«

»Man kassiere den Centralbahnhof und verlege ihn als Westbahnhof dorthin, wo er hingehört, d. h. an den Burgfrieden der Stadt.« Diese schon 1889 von Friedrich Graf formulierte Forderung war seither nie gänzlich verstummt. Doch erst in den ausgehenden 1920er Jahren – nach Überwindung der Inflation und deren Folgen – wurde die Idee einer Verlagerung des Hauptbahnhofs aus dem Zentrum der Stadt hinaus nach Westen zum konkreten Projekt.[1]
Als treibende Kraft erwies sich dabei Friedrich Miller, damals Vizepräsident der Reichsbahndirektion München, der nach Abstimmung mit der Deutschen Reichsbahn-Gesellschaft innerhalb seiner Behörde eine intensive Planungstätigkeit in Gang setzte.
Besonders interessant an den dabei erarbeiteten Entwürfen ist die Tatsache, daß sie bereits zwei Grundelemente

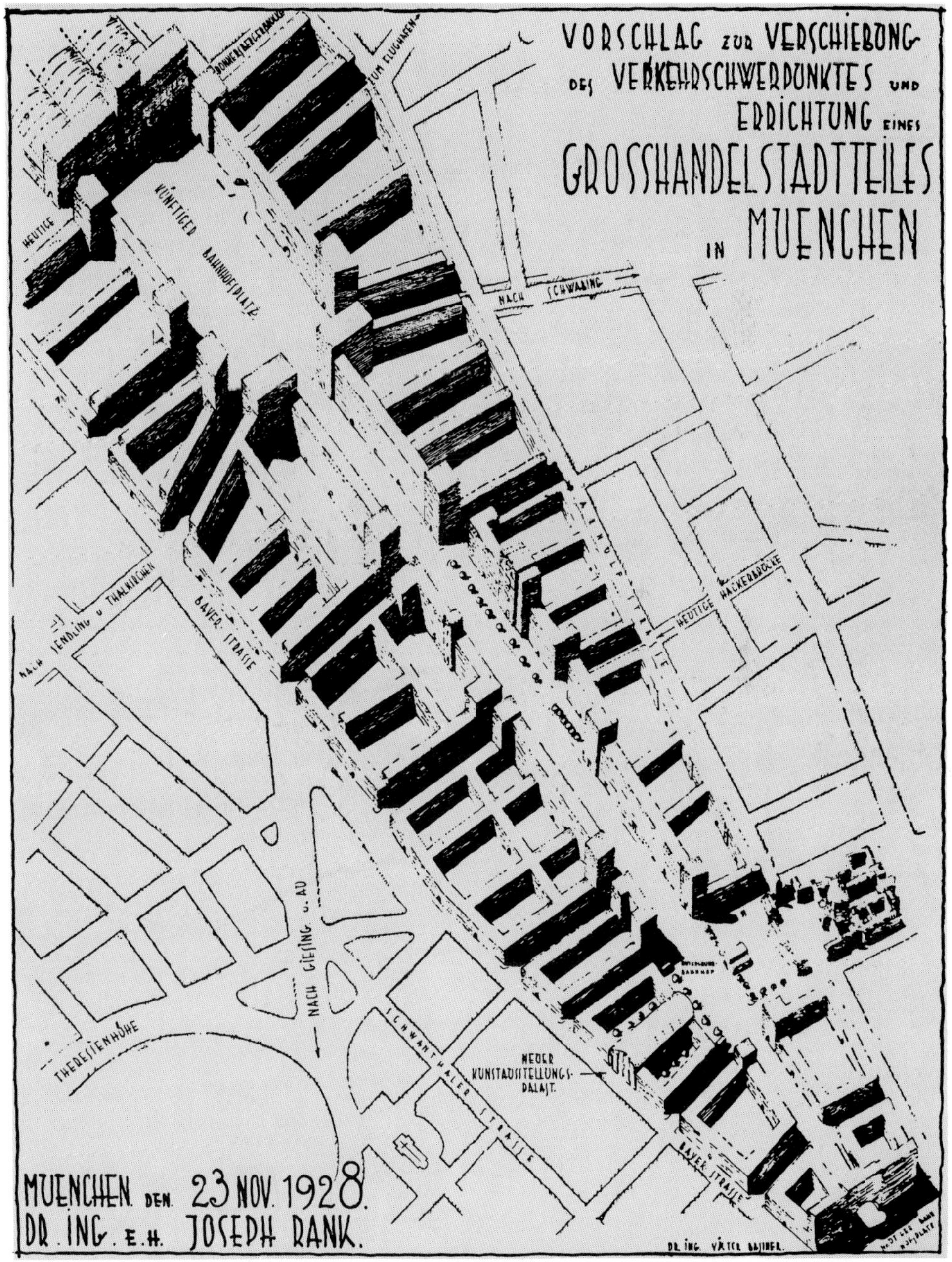

Abb. 109: Die Verlagerung des Hauptbahnhofs nach den Vorstellungen von Joseph Rank, 1928
In seiner Broschüre »München auf dem Wege zur Millionenstadt« trat Rank energisch für eine »Hinausschiebung des Bahnhofs nach Westen« ein. Er hatte dabei drei Hauptziele vor Augen: die Verbesserung der Verkehrsverhältnisse auf lange Sicht; die Schaffung eines modernen Geschäftsviertels auf dem freiwerdenden Bahngelände und schließlich – eng verknüpft damit – die Entlastung und Schonung der »altehrwürdigen Altstadt«.

nationalsozialistischer Stadtplanung vorwegnehmen:

– Zum einen hat Gustav Gsaenger schon 1928 die Gegend um die Friedenheimer Brücke zum künftigen Standort des Hauptbahnhofs ausersehen.
– Zum anderen ist bei Georg W. Buchner bereits der zukunftsträchtige Gedanke einer breiten Verbindungsstraße zwischen Bahnhofsneubau und Innenstadt vorgezeichnet.

Zu ähnlichen Lösungen war auch der Münchner Bauunternehmer Joseph Rank gekommen, der sich – wie andere namhafte Ingenieure und Architekten außerhalb der Reichsbahndirektion – ebenfalls mit der Neugestaltung der Bahnanlagen in der Landeshauptstadt auseinandergesetzt hatte.
Er wollte, wie er in seiner 1928 erschienenen Studie ausführte, »den Bahnhof weit nach Westen hinaus verlegt sehen, entweder an die Donnersbergerbrücke, vielleicht sogar nach Laim«.[2] Von hier aus sollte eine »mindestens 60 Meter breite Zufahrtsstraße nach der Altstadt« führen und zum Zentrum einer neuen »Geschäfts- und Hochhaus-Stadt« werden. Ergänzend sah Rank die Schaffung einer Untergrundbahn vor – ein Gedanke, der gleichfalls in der NS-Zeit entscheidende Bedeutung erlangen sollte.
1929 entschied sich die Reichsbahndirektion schließlich dafür, im Rahmen einer Neukonzeption der gesamten Bahnanlagen den Hauptbahnhof westlich der Hackerbrücke, rund 1,2 Kilometer vom alten Standort entfernt, anzusiedeln.

Abb. 110: »Großer Bahnhof«, 1937
Für den Empfang des italienischen Staatschefs Benito Mussolini am 25. September 1937 hatte man den altvertrauten Hauptbahnhof, der längst nur mehr als Übergangslösung betrachtet wurde, mit den »Hoheitszeichen« totalitärer Herrschaft dekoriert. Die Leuchtpylonen vor dem Eingang wurden dabei als überdimensionale Rutenbündel mit Richtschwert verkleidet – dem aus altrömischer Zeit übernommenen Machtsymbol des Faschismus.

Abb. 111: Die Gleishalle im Zeichen brauner Diktatur, 1937

Doch alle Pläne und Projekte waren infolge der noch nicht überwundenen, aus dem Versailler Vertrag resultierenden Belastungen für die Reichsbahn und der 1929 ausbrechenden Weltwirtschaftskrise zum Scheitern verurteilt. Erst nach der Machtergreifung Adolf Hitlers 1933 sollte sich diese Situation grundlegend verändern.

München war die Geburtsstätte der Deutschen Arbeiter-Partei, die Hitler 1920 zur Nationalsozialistischen Deutschen Arbeiterpartei umgestaltet hatte; hier hatte im November 1923 der mißglückte Putschversuch gegen die Reichsregierung stattgefunden; hier hatte Hitler 1925, nach seiner Entlassung aus der Festungshaft in Landsberg, die Partei neu aufgebaut.
Aufgrund dieser engen Verknüpfung mit der Entwicklungsgeschichte des Nationalsozialismus wurde München zur weltanschaulich-ideologischen Metropole des Deutschen Reichs. Eine Vielzahl an Bauvorhaben, deren Dimensionen sich zunehmend ins Gigantische steigerten, sollte dem Charakter Münchens als »Hauptstadt der Bewegung« sichtbaren Ausdruck verleihen und zugleich die »unüberwindliche Kraft und Stärke« des nationalsozialistischen Regimes demonstrieren.
Schon 1933 hatte man mit den beiden ersten Bauprojekten begonnen – nämlich der Neugestaltung des Königsplatzes, der nun zur »Acropolis Germaniae« hochstilisiert wurde, und dem Bau des Hauses der Deutschen Kunst an der Prinzregentenstraße.

Rasch geriet auch die künftige Gestaltung der Münchner Bahnanlagen in den Sog der neuen Bauplanung, die darauf abzielte, »politische Macht in der Architektur nicht nur zu verkörpern, sondern durch die Verkörperung auch psychologisch zur Wirkung zu bringen.«[3]
Zwei Umstände waren es, die das Projekt »Hauptbahnhof« dabei besonders attraktiv machten:
- Zum einen bot gerade der Neubau eines Großbahnhofs hervorragende Möglichkeiten, monumentale architektonische Visionen zu verwirklichen.
- Zum anderen aber eröffnete sich durch die Verlegung des Bahnhofs nach Westen die seltene Chance, mit der dabei funktionslos werdenden, unmittelbar an die Innenstadt heranführenden alten Bahntrasse ein riesiges, zentral gelegenes Gelände zu gewinnen, das Raum für eine großangelegte Neubebauung bot.

Im Dezember 1933 hatte sich Hitler erstmals vom Generaldirektor der Deutschen Reichsbahn-Gesellschaft, Julius Heinrich Dorpmüller, über den Stand der Planungen für die Münchner Bahnanlagen unterrichten lassen.[4] Sie fanden keine Zustimmung – und dies verwundert nicht, wenn man bedenkt, wie sehr Hitler, schon von Jugend an auf dem Gebiet der Architektur dilettierend, in seinen städtebaulichen Vorstellungen fixiert war auf »Größe« als den alleinigen Wertmaßstab.
Drei Jahre lang, von Anfang 1934 bis Ende 1936, war man damit beschäftigt, weitere Alternativen – Modelle für Kopf- und Durchgangsbahnhöfe in jeweils unterschiedlicher Distanz vom alten Hauptbahnhof – zu entwickeln. Aber auch den Produkten dieser Planungsstufe blieb Hitlers Akzeptanz versagt.
Erst das Jahr 1937 brachte grundsätzliche Entscheidungen:
- Der Hauptbahnhof sollte als Durchgangsbahnhof konzipiert werden und auf der Höhe der Friedenheimer Brücke, zwischen Landsberger Straße und Hirschgarten, seinen neuen Standort finden.
- Auf dem freiwerdenden Bahngelände zwischen Neubau und Innenstadt sollte eine Prachtstraße mit entsprechend repräsentativer Bebauung angelegt werden.
- An der Stelle des alten Hauptbahnhofs sah man die Errichtung eines alle Münchner Bauwerke an Höhe weit überragenden »Denkmals der Bewegung« vor.
- Schließlich sollte eine Untergrundbahn nicht nur den neuen Verkehrs-

Abb. 112: Die Schalterhalle – gerüstet für den Staatsempfang, 1937
Von allen Verkaufsständen, Fahrplantafeln und sonstigen Einbauten befreit, die Wände mit rotbraunem Tuch ausgeschlagen, die Bogenbinder »mit schweren Goldgirlanden« geschmückt, der Durchgang zum nordsüdlichen Hauptkorridor als »Triumphbogen« ausgestaltet – so präsentierte sich Bürkleins einstige Einsteighalle anläßlich Mussolinis Besuch in München.

Abb. 113: Die Hauptfassade des Bahnhofs nach einem Entwurf der Reichsbahnbaudirektion, Juli 1938
Die dreigliedrige, der »Großen Straße« zugewandte »Schauseite« ist mit riesigen Fensterflächen versehen.

Abb. 114: Blick von Süden auf den neuen Hauptbahnhof
Dieses Modell nach Entwürfen des Stadtbauamts zeigt den Planungsstand zur Jahreswende 1938/39. Deutlich erkennbar ist die Trennung in das auf die Prachtstraße hin orientierte Empfangsgebäude und die schräg zur Straßenachse angelegte Gleishalle.

knotenpunkt »Hauptbahnhof« mit der Innenstadt verbinden, sondern zu einem nach allen Richtungen ausgreifenden Massenverkehrsmittel werden.

Vergleicht man diese Fixpunkte für den weiteren Planungsprozeß mit den Gedanken und Entwürfen der ausgehenden 1920er Jahre, so wird man feststellen, daß sie – das »Ehrenmal« für die NSDAP freilich ausgenommen – im Grunde nichts Neues enthalten. Völlig neu aber waren die Dimensionen, in denen sich die architektonische Gestaltung dieser Bauvorhaben von nun an bewegte.

Hitler hatte einmal geäußert, daß bei Großplanungen »wohl nie auf den ersten Wurf die idealen Lösungen gefunden werden können«.[5] Dies galt für die Repräsentationsbauten entlang der »Großen Straße« ebenso wie für den Neubau des Hauptbahnhofs. Vieles war erwogen und wieder verworfen worden, ehe diese Projekte 1938 – unter Leitung des damaligen Stadtbaurats Professor Hermann Reinhard Alker – in ein konkretes Stadium traten.

Was den Hauptbahnhof betraf, warf *ein* Umstand besondere Probleme auf – nämlich der Verlauf der neuen Bahntrasse, die in einem Winkel von 45 Grad zur Achse der »Großen Straße« angelegt werden sollte. Blieb man bei der für den Bahnhofsbau von Anfang an charakteristischen Zweiteilung in Empfangsgebäude und Gleishalle, so bedeutete dies, daß letztere ebenfalls in Schräglage errichtet werden mußte. Das Empfangsgebäude hingegen war unverzichtbarer Abschluß sowie »point de vue« der Prachtstraße und folglich auf diese hin auszurichten. Ob man es mit einer Kuppel versah oder als gewaltigen Kubus plante – das grundsätzliche Problem blieb vorerst einmal bestehen. Eine Lösung zeichnete sich erst ab, nachdem Hitler am 21. Dezember 1938 den Architekten Professor Hermann Giesler zum »Generalbaurat für die Hauptstadt der Bewegung« ernannt hatte. Ausgestattet mit außergewöhnlichen Vollmachten, sollte dieser die einzelnen bislang nur mangelhaft aufeinander abgestimmten Bauprojekte für die bayerische Metropole in einer großangelegten Gesamtkonzeption koordinieren. Damit hatte Giesler in München eine ähnliche Position und Aufgabe wie Albert Speer in Berlin.

Umgehend ging der neuernannte Generalbaurat daran, die von Hitler bereits prinzipiell akzeptierten Planungen für die Prachtstraße und die Münchner Bahnanlagen zu überprüfen. Dabei fielen ihm insbesondere zwei gravierende Schwachpunkte auf – nämlich der Charakter der »Großen Straße« als einer bislang am Bahnhof endenden Sackstraße und die unbefriedigende bauliche Gestaltung des neuen Hauptbahnhofs.

Giesler entschloß sich deshalb zu folgenden Änderungen:

- Zum einen führte er die Prachtstraße jenseits des Hauptbahnhofs weiter bis nach Pasing. Hier sollte sie mit dem »Forum der SA« und dem 65 Meter hohen »Burgundertor« ihren repräsentativen westlichen Abschluß finden und über zwei Zufahrtsstraßen direkt an die geplante Autobahntangente Stuttgart–Lindau angebunden werden.
- Zum anderen konzipierte er den Hauptbahnhof als riesigen Kuppelbau, der – das war das Neue daran – Empfangsgebäude *und* Gleishalle aufnehmen sollte.

Hitler, der auf eine rasche Verwirklichung der Münchner Bauvorhaben drängte, war zunächst einmal verärgert – bedeutete doch jede Modifikation an den bisherigen Planungen eine ihm höchst unwillkommene Verzögerung.

Abb. 115: Adolf Hitler im Atelier des Generalbaurats vor dem Modell der »Großen Straße«, 1939
Im Vordergrund das überdimensionale »Denkmal der Bewegung«, das als stadtseitiger Auftakt der großen Ost-West-Achse geplant war und an der Stelle des alten Hauptbahnhofs errichtet werden sollte. Dieses Monument der Maßlosigkeit hätte mit seiner Höhe von rund 200 Metern die Türme der Frauenkirche um mehr als das Doppelte überragt.
Rechts in der Bildmitte – etwas zurückgesetzt und durch eine breite Treppenanlage erhöht – die »Neue Oper«. An der Wand eine Zeichnung des riesigen Kuppelbahnhofs.

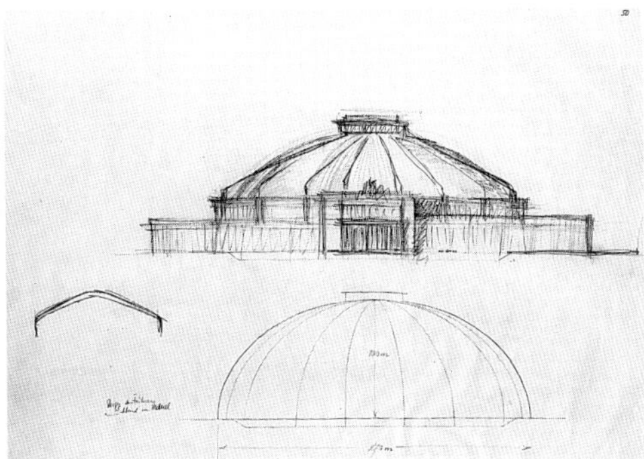

Abb. 116: Der neue Hauptbahnhof in einer Skizze Hitlers vom 22. März 1939
Hitler hat in dieser Bleistiftzeichnung den Kuppeldurchmesser mit 270 Metern, die Höhe mit 100 Metern eingetragen.

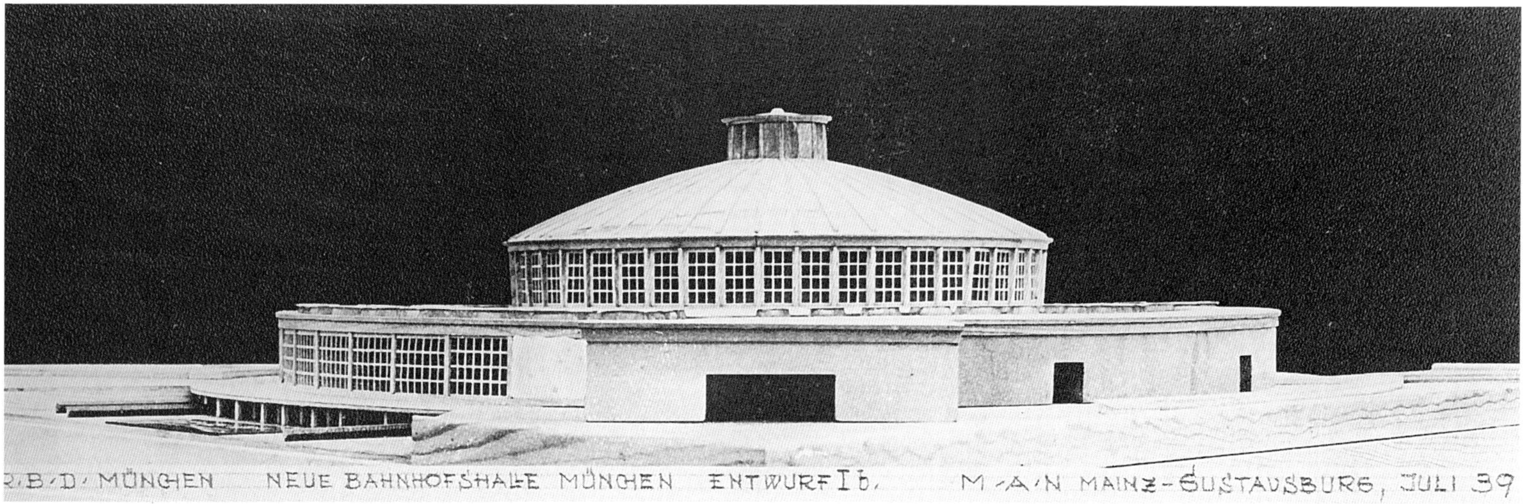

Abb. 117: Der neue Hauptbahnhof – Modell der MAN (Mainz-Gustavsburg), 1939

Abb. 118: Der neue Hauptbahnhof – Modell der Fa. Grün & Bilfinger (Mannheim-München), 1939

Anläßlich eines Besuchs bei Giesler im Februar 1939 aber verkehrte sich seine anfängliche Verstimmung rasch in ihr Gegenteil. »Mit verschlossenem Gesicht« – so schreibt Giesler rückblikkend – »betrat Adolf Hitler mein Atelier. Nach einer flüchtigen, kühlen Begrüßung sah er mich fragend an. Ich habe Gründe, begann ich, die Reichsbahn-Planungen in der vorgelegten Form abzulehnen. Weiter kam ich nicht. Adolf Hitler hatte das Arbeitsmodell, ein Tonmodell, gesehen, er ging darauf zu und betrachtete es eingehend! Völlig umgewandelt sah er mich an und sagte: Giesler – das ist die Lösung! Dann wieder begeistert: Das ist wirklich die Lösung! (...) Damit wird die Ost-West-Achse von sechs Kilometern Länge die modernste Straße, der neue Hauptbahnhof ein Monument der Technik unseres Jahrhunderts.«[6]

Abb. 119: Sieger im Wettbewerb – Modell der Fa. August Klönne (Dortmund), 1939

Hitlers Entscheidung war damit gefallen, und die Reichsbahn, bei der das Neukonzept Gieslers auf heftigen Widerstand stieß, hatte sich seinem Willen zu beugen. Fasziniert von der Vorstellung eines gigantischen Kuppelbaus, fertigte Hitler selbst dazu eine erste Ideenskizze. Ein Wettbewerb unter den führenden deutschen Stahlbau- und Stahlbetonbaufirmen sollte nun die technischen Fragen der Kuppelkonstruktion klären und damit die Voraussetzungen für eine weitere Detailplanung schaffen. Man hatte vorrangig die Unternehmen Krupp, MAN und Dyckerhoff & Widmann sowie die beiden Dortmunder Firmen August Klönne und C. H. Jucho eingeschaltet. Ein so gewaltiges Bauprojekt wie der neue Münchner Hauptbahnhof rief naturgemäß aber auch eine Reihe weiterer Unternehmen auf den Plan: so die Grün & Bilfinger AG, Mannheim-München, die Firma Breest & Co. in Berlin-Tempelhof, die DEMAG AG in Duisburg und andere mehr, die ebenfalls Modelle lieferten.
Als Sieger aus dem Wettbewerb ging Mitte 1939 die Firma August Klönne hervor. Ihr Modell eines zwölfseitigen Kuppelbaus war durch seine »Modernität« aufgefallen, die auf der unkaschierten Verwendung des Baustoffs Stahl in Verbindung mit großflächiger Verglasung beruhte.
Da ein Vorhaben dieser Größenordnung nicht von einem Unternehmen allein zu realisieren war, schlossen sich die Firmen Klönne, Krupp und Jucho zu einer Arbeitsgemeinschaft zusammen.
Aber auch im Stab des Generalbaurats war Verstärkung notwendig geworden: Man richtete ein eigenes »Bahnhofsbüro« ein, dessen Leitung Professor Paul Bonatz übernahm. Dieser brachte hervorragende Voraussetzungen mit – hatte er doch bereits den Stuttgarter Hauptbahnhof sowie zahlreiche Brükken für die Reichsautobahnen erbaut und zuletzt als Berater der Firma Klönne das Münchner Bahnhofsmodell mitentwickelt.
Noch im Herbst des Jahres 1939 begann man mit den eigentlichen Entwurfsarbeiten. Das architektonische Erscheinungsbild des Neubaus, das in seinen Grundzügen bereits durch das siegreiche Wettbewerbsmodell vorgezeichnet war, nahm zusehends konkrete Gestalt an. Eine der wichtigsten Modifikationen betraf dabei den Grundriß des Kuppelbaus, der nun als 16seitiges Polygon von 265 Metern Durchmesser festgelegt wurde. Mit einer Gesamthöhe von rund 136 Metern und einem Gesamtdurchmesser, der sich einschließlich der ringförmigen Anbauten auf etwa 380 Meter belief, sollte der neue Hauptbahnhof zum dominierenden Mittelpunkt der »Großen Straße« werden und sich von deren steinern-tektonischen Bauten durch seine Metall-Glas-Konstruktion deutlich abheben.

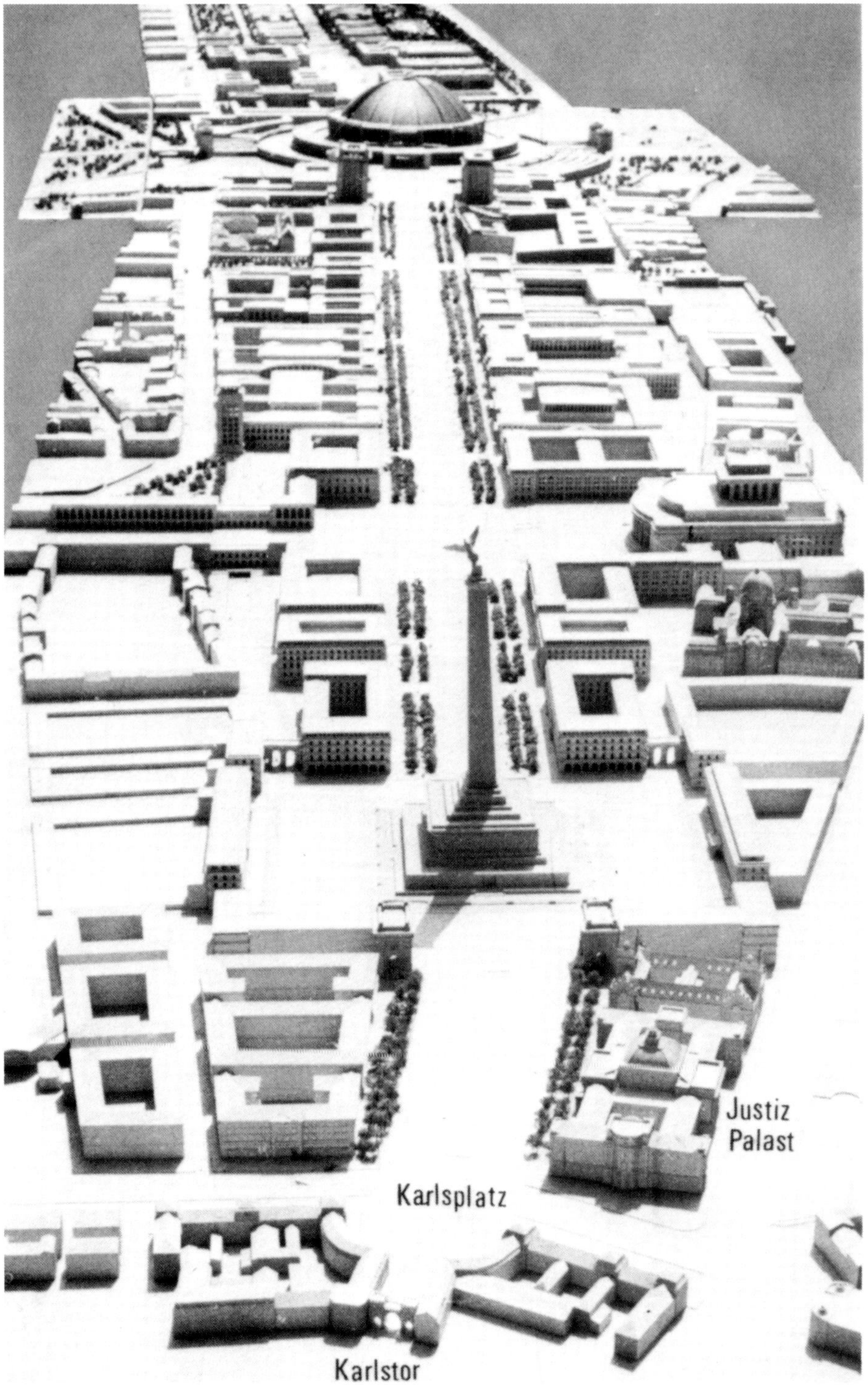

Doch ging es naturgemäß nicht nur um die ins Auge fallende architektonische Gestaltung, sondern zugleich um eine Fülle an technischen und verkehrsbedingten Einzelproblemen, die gelöst werden mußten.
Noch waren diese Planungen nicht zur Gänze abgeschlossen, als am 21. Juli 1941 – einen Monat nach Beginn des Kriegs gegen Rußland – der erste Spatenstich erfolgte.
Innerhalb weniger Wochen wurde auf Höhe der Friedenheimer Brücke eine riesige Baugrube ausgehoben, die noch zwei Jahre nach Kriegsende – als Überrest einer Bauplanung im Zeichen der Maßlosigkeit – die Landsberger Straße für den Verkehr teilweise unpassierbar machte. Im Jahre 1941 jedoch hatten die »erstmals in der Natur sichtbaren Dimensionen« des Bahnhofneubaus »allgemein den größten Eindruck«[7] hervorgerufen.
In einem Bauzeitenplan vom Juli 1940, der freilich später mehrfach revidiert werden mußte, war die Inbetriebnahme des neuen Bahnhofs zunächst auf den 1. August 1945 festgelegt worden.

Abb. 120: Modellansicht der »Großen Straße« in Ost-West-Richtung
Der insgesamt 6,6 Kilometer lange und in seinem ersten Abschnitt 120 Meter breite Straßenzug zwischen Stadtzentrum und Pasing wird optisch beherrscht vom »Denkmal der Bewegung« einerseits, vom Kuppelbau des neuen Hauptbahnhofs andererseits.

Doch die Bauarbeiten mußten aufgrund der Einschränkungen, die der Fortgang des Kriegs mit sich brachte, bereits Ende 1941 eingestellt werden.
Was läge angesichts der politischen und wirtschaftlichen Gesamtsituation näher, als die Geschichte des Kuppelbahnhofs damit für beendet zu halten! Doch die Planer mußten am Werk bleiben – und nicht nur dies: Sie sollten wenig später bereits durch ein weiteres Großprojekt Hitlers vor gravierenden zusätzlichen Problemen stehen.
Schon früh hatte Hitler die Eisenbahn konventioneller Art mit ihrem »englischen Postkutschen-Profil von 1435 Millimetern«[8] als ein »Relikt früherer Zeiten« apostrophiert und die wesentliche Verbreiterung der Spur als Kernfrage einer zukunftweisenden Weiterentwicklung bezeichnet. Mitten im Krieg verdichteten sich diese Gedanken unter dem Einfluß des Rüstungsministers Fritz Todt zum konkreten Entschluß: 1942 erteilte Hitler der Deutschen Reichsbahn den direkten und persönlichen Auftrag, eine Drei-Meter-Breitspurbahn quer durch den gesamteuropäischen Raum zu planen.

Abb. 121: Modellansicht der »Großen Straße« in West-Ost-Richtung
Als westlicher Abschluß der Prachtstraße war das »Forum der SA« mit dem »Burgundertor« vorgesehen.

Abb. 122: Blick von Süden auf den neuen Hauptbahnhof, 1940
Dieses Modellfoto zeigt deutlich die bauliche Dreigliederung des Bahnhofs: Zu ebener Erde ist ein verhältnismäßig niedrig wirkender Ringbau angelegt – für Eingangshallen, Wartesäle, Restaurants und alle weiteren betriebsnotwendigen Räumlichkeiten. Darüber die 16seitige, stark durchfensterte »Schulter«, aus der – etwas zurückgesetzt – die flache Kuppel emporwächst. Ihre gewaltige Masse erscheint aufgrund der starken Strukturierung durch nach oben sich verjüngende Rippen optisch aufgelöst. Im Vordergrund das abgesenkte Gleisbett mit den Gleisanlagen.

Abb. 123: Der Kuppelbau im Querschnitt, 1941
Da die Gleise rund 7,40 Meter unter Straßenniveau verliefen, waren die Bahnsteige jeweils durch Treppen und Rolltreppen mit der umlaufenden »Ringbrücke«, dem Hauptverkehrsweg, verbunden. 1941 hatte die Reichsbahnbaudirektion – wie das Modell zeigt – zusätzlich eine Mittelbrücke geplant. Dieser Vorschlag wurde von Hitler jedoch strikt abgelehnt.

Überdimensionale Lokomotiven sowie zweigeschossige Personen- und Güterwaggons von sechs Meter Breite sollten mit mehr als 200 Stundenkilometern Geschwindigkeit das »Großgermanische Imperium« verbinden.
Es kümmerte Hitler wenig, daß Militär- und Verkehrsexperten diesen Plan aufgrund der Ausbaufähigkeit des Normalspursystems für nicht notwendig und aus wirtschaftlichen Gründen für nicht vertretbar hielten. Aber Menschen, Kosten und Material waren für seine Entscheidungen irrelevant. Er dachte in völlig anderen Kategorien. »Je monumentaler die maßstäbliche Übergröße war, um so mehr konnte sich Hitler an einem Projekt begeistern.«[9] Dies galt auch für die Breitspurbahn, die im Osten zunächst bis Rostow am Don, letztlich aber bis Wladiwostok sowie nach Indien hätte führen sollen.
Es versteht sich von selbst, daß die Konzeption der Großbahn – so utopisch sie auch sein mochte – für die Münchner Baumaßnahmen weitreichende Konsequenzen mit sich brachte. Als im Juni 1942 die Durchführung der Breitspurbahn durch den neuen Hauptbahnhof angeordnet wurde, zwang dies dazu, den Planungsprozeß erneut aufzurollen.

Abb. 124: Breitspurbahn und Normalspurbahn im Größenvergleich
Nach einer graphischen Rekonstruktion, 1981
Die Reichsbahn-Zentralämter in Berlin und München sowie eine Reihe einschlägiger Firmen – u. a. Krupp, BBC, Borsig und Henschel – waren mit der Prüfung unterschiedlichster Antriebsarten und der Ausarbeitung von Entwürfen für die neue Generation von Lokomotiven befaßt.

Abb. 125: Innenansicht eines Breitspur-Speisewagens
Entwurf des Reichsbahn-Zentralamts München, 1943
Das 6 Meter breite, 4,65 Meter hohe und 41 Meter lange »rollende Restaurant« sollte 200 Gästen Platz bieten.

Größte Schwierigkeiten rief vor allem die Vorgabe Hitlers hervor, die Breitspurgleise mittig durch den Neubau zu führen. Da der dafür erforderliche Platzbedarf nicht durch eine zahlenmäßige Reduzierung der vorgesehenen 20 Normalspurgleise gewonnen werden konnte, mußte man daran gehen, den Durchmesser des monumentalen Kuppelbaus weiter zu erhöhen. In den Planungsunterlagen finden sich die verschiedensten Varianten – bis hin zu einer Größe von 360 Metern, was die Verschiebung des Bahnhofs um rund 300 Meter nach Westen zur Folge gehabt hätte.

Doch unvermuteterweise war es Hitler selbst, der einer ihm schließlich vorgeschlagenen Erhöhung auf 310 Meter nicht zustimmte. Damit wäre nämlich der Durchmesser des Münchner Kuppelbaus um 50 Meter größer geworden als jener der riesigen Versammlungshalle, die Albert Speer für Berlin plante und in der der Petersdom siebzehnmal Platz gefunden hätte.
So einigte man sich vorerst einmal – ohne allerdings damit das Raumproblem befriedigend zu lösen – auf einen Durchmesser von 285 Meter. Doch auch damit waren die durch die Arbeitsgemeinschaft Klönne-Krupp-Jucho in mehr als drei Jahren durchgeführten Konstruktionsarbeiten für den Kuppelbau selbst sowie für die zugehörigen Spezialmontagegeräte hinfällig geworden. »Weiter sind«, wie es in einem Bericht der Reichsbahndirektion München vom 24. Juli 1942 heißt, »die in Göttingen im Jahre 1940 durchgeführten Windversuche nicht mehr brauchbar; es ist aber sehr fraglich, ob und wann derartige Versuche wiederholt werden können. Auch das mit großer Mühe und riesigem Zeitaufwand angefertigte Versuchsmodell der Kuppel ist nicht mehr verwendbar. Bei den ungeheuren Personal- und Materialschwierigkeiten ist es zur Zeit überhaupt nicht abzusehen, wann ein neues Modell fertiggestellt sein kann.«[10]
Hitler interessierte dies alles wenig. Während andere Großbauvorhaben im Verlauf des eskalierenden Kriegs völlig eingestellt wurden, mußten die Planungen für die transkontinentale Superbahn

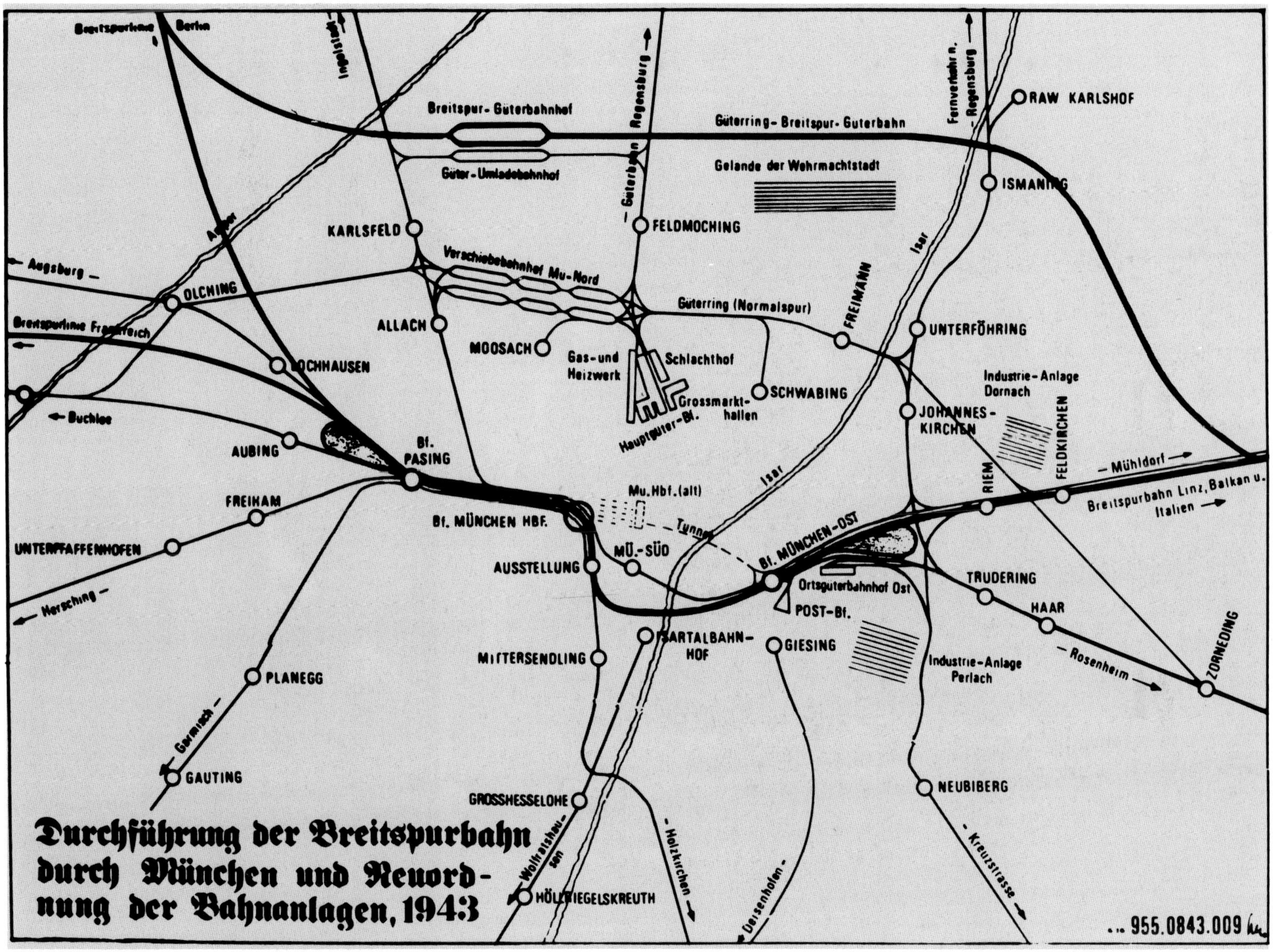

Abb. 126: Die Durchführung der Breitspur-Personenbahn sowie der Breitspur-Güterbahn durch den Raum München, 1943

und die neuen Münchner Bahnanlagen »auf besondere Weisung des Führers« fortgeführt werden. Bis zum Zusammenbruch 1945 befaßte man sich denn – zuletzt noch mit vier Mann – weiter mit Kuppelgröße und Lichtraumhöhe, Gleisführung und Bahnsteigbreiten, obwohl das Projekt des Bahnhofneubaus längst jeglichen Bezug zur Realität verloren und die Breitspurbahn einen solchen niemals besessen hatte. Der Ausgang des Zweiten Weltkriegs hat dies alles endgültig zur Makulatur gemacht. Die Verwirklichung gigantomanischer Visionen ist München damit erspart geblieben.

Trümmerjahre und erste Wiederaufbauzeit

Die Zerstörungen des Zweiten Weltkriegs und die Bauperiode bis 1950

Die Politik des unseligen »Dritten Reichs« hatte in ihrem hybriden Streben nach Macht und Expansion 1939 in die Katastrophe des Zweiten Weltkriegs geführt. Damit brachen auch für die bayerische Landeshauptstadt die schreckensreichsten Jahre ihrer Geschichte an.
Rund 6 000 Tote, 15 000 Verwundete, 300 000 Obdachlose, zehn Millionen Kubikmeter Schutt, die Kulturdenkmäler vieler Jahrhunderte in Trümmern, die städtische Infrastruktur vernichtet, die Wirtschaft am Lebensnerv getroffen – dies war die Bilanz nach 73 Luftangriffen, die zwischen dem 10. März 1940 und dem 29. April 1945 die Bausubstanz Münchens zu nahezu 50 Prozent zerstört hatten.[1]
Auch der Hauptbahnhof, der zu Kriegsbeginn auf 90 Jahre seines Bestehens zurückblicken konnte, war durch die verderbenbringende Fracht alliierter Bombergeschwader zum trostlosen Ruinenfeld geworden.[2] Das vorschriftsgemäß geführte Kriegstagebuch des Eisenbahnluftschutz-Bezirks München-Hauptbahnhof hat den am 20. September 1942 einsetzenden und 1944/45 seinen Höhepunkt erreichenden Prozeß der Vernichtung minutiös festgehalten.

Abb. 127: Die altvertraute Bahnhofsfassade mit der Kriegsparole »Räder müssen rollen für den Sieg«, um 1942

Aus dieser »Chronik des Grauens« seien einige Daten herausgegriffen:
- der 25. April 1944 etwa, an dem rund 1 000 auf das Bahnhofsgelände abgeworfene Phosphorkanister, Brand- und Sprengbomben Bürkleins alte, als Hauptvestibül dienende Einsteighalle sowie den Mittelbau des Betriebshauptgebäudes und den Südbau zerstörten;
- der 12. und 13. Juli, an denen die Flügelpavillons des Frontgebäudes ausbrannten, der Nordtrakt weitgehend in Trümmer sank und die Dächer der Gleishalle schwer getroffen wurden;
- der 4. Oktober, an dem massive Oberbau- und Fahrleitungsschäden, schwere und schwerste Beschädigungen an 658 Wagen und die Zerstörung des Holzkirchner Bahnhofs zu beklagen waren;
- der 17. Dezember, an dem der Starnberger Bahnhof fast vollständig dem Erdboden gleichgemacht wurde;
- der 7. Januar 1945, an dem in wolkenloser Nacht 1 500 englische Maschinen das Vernichtungswerk fortsetzten, dem unter anderem auch das Kleinod des Königspavillons zum Opfer fiel;
- der 25. Februar schließlich, an dem das Gelände zwischen Hacker- und Donnersbergerbrücke durch 112 Bombentrichter – bis zu einem Durchmesser von 16 Metern und einer Tiefe von zehn Metern – in eine Kraterlandschaft verwandelt wurde und jeglicher Verkehr zunächst zum Erliegen kam.

Hochachtung und Bewunderung gebührt jenen Menschen, die – von Not und Elend gezeichnet – dennoch nach jedem Angriff darangegangen waren, Pfade durch das Chaos zu bahnen, Schuttberge zu beseitigen, Schäden zumindest notdürftig zu beheben und Provisorien zu ersinnen, um den Bahnbetrieb, wenn auch eingeschränkt, wieder in Gang zu bringen.
Makaber mutet angesichts der katastrophalen Gesamtsituation der Aufwand an, der mit »Führerbesuchen« verbunden war. Gewaltige Betriebsumstellungen, vor allem aber das »Ausschmücken des Bahnhofs« zur »Tarnung der Schäden« brachten große zusätzliche Belastungen mit sich.[3]
Zuflucht im Inferno des Luftkriegs bot seit 1941 der an der Bayerstraße errichtete Bahnhofsbunker. Obwohl er Platz für rund 1 400 Menschen bot, reichten seine Kapazitäten häufig nicht aus, alle Schutzsuchenden aufzunehmen. Hunderte stauten sich oftmals vergeblich vor den Eingängen. Und die, die Unterschlupf gefunden hatten, waren mehr als einmal bedroht durch akuten Sauerstoffmangel, da Schäden an den Stromversorgungseinrichtungen die Belüftungsanlagen – und die Beleuchtung – lahmlegten. Bis zuletzt jedoch hielt der Bunker dem Bombenhagel stand.

Als Einheiten der 7. amerikanischen Armee am 30. April 1945 München in Besitz nahmen, war für die bayerische Landeshauptstadt der Zweite Weltkrieg zu Ende. Ausgestanden war das Martyrium jahrelanger Luftangriffe, doch

Abb. 128: Schatten der Vernichtung
Ein Bomber der Alliierten im Anflug auf das Stadtzentrum. In der Bildmitte oben die Hackerbrücke, deren nördlicher Teil bereits eingestürzt ist. Links die Kuppel des Verkehrsministeriums.

Abb. 129: Die Ruinen der Schalterhalle
Der Luftangriff der Engländer am 25. April 1944 fügte München tiefste Wunden zu und vernichtete so bedeutsame Bauten wie den Bürgersaal und das Odeon, die Heiliggeistkirche und die Neue Pinakothek. Diesem Angriff fiel auch Bürkleins Einsteighalle mit ihrem mächtigen Holzgewölbe, die inzwischen als Schalterhalle diente, zum Opfer. Lediglich die Umfassungsmauern blieben – wie das Bild des städtischen Fotografen Johann Meyer vom 2. August 1944 zeigt – bestehen. Die beiden halbkreisförmigen Felder an der Ostwand waren einst von Michael Echters Freskogemälden geziert. Noch 1944 erhielt die Halle ein Notdach.

Abb. 130: Die Hauptfront des Bahnhofs im September 1944
Beim Luftangriff der Amerikaner am 22. September 1944 wurde der Hauptbahnhof erneut schwer getroffen. Dieses tags darauf aufgenommene Foto von Johann Meyer – einem der herausragenden Bildchronisten der Kriegszeit – spiegelt die trostlose Situation unmittelbar nach dem Bombardement wider.

Abb. 131: Die verwüsteten Gleisanlagen im Mai 1945
Der amerikanische Presseoffizier Ernest Langendorff hielt kurz nach Kriegsende dieses Bild der Bahnanlagen fest. Lediglich vier Gleise konnten zunächst befahren werden. Im Hintergrund die beschädigten Hallenschiffe, die 1949 demontiert werden mußten.

Abb. 132: Die Nordseite des Hauptbahnhofs, 1945
Links die Trümmer des ehemaligen »Ämtergebäudes«. Anschließend das schwer beschädigte nördliche Schiff der Gleishalle. Rechts der zerstörte Starnberger Bahnhof, dessen Mauerreste zum Teil mit einem Behelfsdach versehen wurden.

Abb. 133: »Wartesaal« anno 1945

mußte angesichts der Trümmerfelder jeder Gedanke an einen Wiederaufbau zunächst unvorstellbar erscheinen. Und doch sollten schon in erster Nachkriegszeit wichtige Fundamente geschaffen werden für das moderne Stadtbild und die Lebens- und Arbeitswelt unserer Zeit.
Am 5. Mai 1945 war es erstmals zu einem Zusammentreffen zwischen dem Vorsteher des Hauptbahnhofs, Fritz Raab, und Oberleutnant Hickey als Vertreter der Besatzungsmacht gekommen. Auf dessen Anordnung wurde umgehend eine amerikanische Überwachungsstelle eingerichtet. Auch mußte unverzüglich mit den Aufräumungsarbeiten begonnen werden. Rund 300 Eisenbahner waren es, die – herbeigeholt durch Aufrufe und Anschläge – in der »Stunde Null« als erste darangingen, schrittweise die Bombentrichter zu planieren und die Bahngleise freizulegen.
In den steigenden Zugzahlen spiegeln sich die enormen Leistungen wider, die – trotz des bis zur Währungsreform 1948 anhaltenden akuten Mangels an Arbeitskräften und Baumaterial – hier vollbracht worden sind: Wenngleich der Verkehr anfangs ohne jede Sicherung, mit nur wenigen Fernsprechapparaten und ohne Außen- und Weichenbeleuchtung abgewickelt werden mußte, war die Anzahl der Züge bis zum September 1945 im Tagesdurchschnitt auf 172 angewachsen – eine Zahl, die sich bis Ende 1946 auf 477 und bis Ende 1948 auf bereits 740 erhöhte.

Abb. 134: Bürkleins Empfangsgebäude, 1946

Dieser Kernbau des alten Centralbahnhofs war im Krieg schwerstens beschädigt worden, doch hatte man inzwischen die beiden vorspringenden Seitenflügel über den alten Fundamenten vereinfacht wieder aufgebaut. Nun war man dabei, den Mitteltrakt zu renovieren.

In der Beschilderung zeichnet sich ein erstes bescheidenes Angebot an Waren und Dienstleistungen ab. Das provisorisch untergebrachte Schreib- und Übersetzungsbüro erfüllte eine wichtige Funktion für die Kontakte zur amerikanischen Militärregierung. Auch das Amtliche Bayerische Reisebüro war bereits wieder in Betrieb.

Abb. 135: Ruinensprengung, 1950
Während der Kernbau des alten Empfangsgebäudes bis 1957 bestehen blieb, wurden die Ruinen der Flankenpavillons an Bayer- und Arnulfstraße bereits 1950 gesprengt.

Auch die Wiederherstellung der betriebstechnischen Einrichtungen machte Fortschritte: So waren schon 1946 alle Ein- und Ausfahrsignale funktionsfähig und zu Jahresbeginn 1947 zehn der elf weitgehend zerstörten Stellwerke wieder in Betrieb. »Unter Hintanstellung anderer Bauvorhaben« hatte man dabei deren sämtliche Fenster neu verglast – eine in damaliger Zeit geradezu luxuriös anmutende Besonderheit.
Neben der Instandsetzung der Gleisanlagen und der unmittelbar dem Betriebsablauf dienenden Einrichtungen mußte aber auch der Wiederaufbau der zum Teil völlig vernichteten, zum Teil schwer beschädigten Hochbauten in Angriff genommen werden, bei denen man sich – dem Diktat der Not folgend – zunächst auf Schuttbeseitigung und Ruinensicherung beschränkt hatte.[4]
In einem ersten Schritt wurden Schalter- und Durchgangshalle ausgebessert, provisorische Fahrkartenschalter eingebaut, behelfsmäßige Räume für Gepäckabfertigung und Verwaltung geschaffen, eine einfache Bahnhofsgaststätte und ein Wartesaal eingerichtet.
Der Versuch, der drängenden Raumnot durch Ausbau des zu etwa einem Drittel seiner ursprünglichen Bausubstanz noch bestehenden nördlichen Bahnhofstrakts abzuhelfen, scheiterte an fehlenden Finanzierungsmitteln. Die begonnenen Bauarbeiten mußten im November 1948 eingestellt werden.
Der Gedanke an einen angemessenen Wiederaufbau schien mehr denn je illusorisch geworden, zumal das Jahr 1947 einen weiteren harten Schlag mit sich gebracht hatte: War man zunächst davon ausgegangen, die vierschiffige Gleishalle in ihrem Kern erhalten zu können, so sollte sich auch diese Hoffnung als trügerisch erweisen. Der Absturz eines Laufkrans am 26. November und die anschließende Überprüfung der gesamten Hallenkonstruktion führten zu der bitteren Gewißheit, daß diese nicht zu retten war und gänzlich abgebrochen werden mußte.
Licht ins Dunkel der Hoffnungslosigkeit brachte 1949 die Ankündigung der für Mai 1950 geplanten ersten Oberammergauer Passionsspiele nach dem Krieg, die zu einem nicht zu unterschätzenden Impulsgeber für die Intensivierung des Wiederaufbaus werden sollten. Man erwartete einen großen Zustrom an Besuchern aus dem In- und Ausland, die den Münchner Bahnhof als Umsteigestation benützen würden, und setzte alles daran, bis dahin ein ganz entscheidendes Stück voranzukommen.

Verhandlungen mit dem bayerischen Staat führten im August 1949 zur Gewährung eines beträchtlichen Kredits an die Deutsche Bundesbahn, mit dem ein umfangreiches Bauprogramm verwirklicht werden sollte. Im Mittelpunkt standen dabei folgende Maßnahmen:
- der Wiederaufbau des völlig zerstörten Starnberger Bahnhofs;
- die Fortführung der seit November 1948 eingestellten Bauarbeiten am Nordtrakt;
- die Schaffung eines sich daran anschließenden, für Bürozwecke bestimmten Verbindungsbaus sowie
- die Neuüberdachung der Gleishalle im Bereich des Querbahnsteigs auf einer Länge von zunächst 40 Metern.

Viel hatte man sich damit vorgenommen, und die Zeit drängte. Wollte man das gesteckte Ziel termingerecht erreichen, so mußte das gewaltige Bauvorhaben innerhalb von rund neun Monaten vollendet werden. Wieder einmal wurde das Gelände des Hauptbahnhofs zur Großbaustelle.

Schon im Mai 1949 hatte man mit der Demontage der alten, 1878 bis 1883 nach den Plänen Heinrich Gerbers errichteten Hallendächer begonnen und diese Arbeiten im August desselben Jahres abgeschlossen. Lediglich die massiven Mauertürme an der Westfront – funktionslos gewordene letzte Relikte einer endgültig der Vergangenheit angehörenden Bauperiode – sollten noch bis 1953 bestehen bleiben.

Rasch reifte die Planung für eine neue Gleishalle heran. Aus Kostengründen orientierte man sich dabei an der Grund-

Abb. 136: Die Demontage der Gleishalle, 1949

Zur Zeit ihrer Erbauung galt die vierschiffige Gleishalle als eine der bemerkenswertesten Leistungen deutscher Ingenieurbaukunst. Durch die Luftangriffe schwer in Mitleidenschaft gezogen, mußte sie 1949 vollständig abgebrochen werden.

Abb. 137: Die Bahnsteige ohne Überdachung, 1949
Diese Aufnahme zeigt die Situation nach dem Abschluß der Demontagearbeiten. Die eisernen, einst die Hallenschiffe trennenden Fachwerkstützen sowie die Mauertürme an der Westfront erinnern als letzte Relikte an das einstmals kühne Bauwerk.

Abb. 138: Die neue Gleishalle – Entwurf aus erster Nachkriegszeit
Nachdem sich herausgestellt hatte, daß die Gleishalle des 19. Jahrhunderts demontiert werden mußte, ging man umgehend an die Planung eines Neubaus. Dieser sollte über dem Grundriß des Vorläuferbaus errichtet werden und ebenfalls vier Hallenschiffe erhalten. Für die Dachkonstruktion hingegen entwikkelte man eine völlig neue Lösung. Aus Mangel an Finanzierungsmitteln konnte dieses Projekt jedoch nur im Bereich des Querbahnsteigs – auf einer Länge von 40 Metern – verwirklicht werden.

Abb. 139: Die Überdachung des Querbahnsteigs, 1950

Am 31. Januar 1950 begann man mit dem Aufrichten der von der Gebr. Frisch KG in Augsburg gelieferten, rund 15 Meter hohen Kastenprofilstützen. Anschließend nahmen geübte Richtmeister der Maschinenfabrik Augsburg-Nürnberg in hartem Kampf gegen Schnee, Wind und Frost die Montage der 140 Meter langen Querträger vor. Wie beim gleichzeitig erfolgenden Neubau des Starnberger Bahnhofs wurde die Stahlkonstruktion des Daches durch große stehende Oberlichte unterbrochen.

Abb. 140: Das charakteristische Bild der 1950er Jahre

Aus Kostengründen war der geplante Hallenneubau über die ersten 40 Meter nicht hinausgekommen. Fast zehn Jahre lang blieben die Bahnsteige ohne Überdachung.

Abb. 141: Der Starnberger Bahnhof im Bau, Oktober 1949
In einer noch weitgehend von Ruinen geprägten Umgebung war man seit August 1949 dabei, diesen Flügelbahnhof wieder aufzubauen. Im Hintergrund die ausgebrannte Kuppel des Verkehrsministeriums.

disposition des Vorgängerbaus und behielt dessen Abmessungen ebenso bei wie die Gliederung in vier Hallenschiffe. An die Stelle der zuvor tonnenförmigen Dächer sollte nun aber eine horizontale, von aufgesetzten Oberlichten unterbrochene Dachkonstruktion treten.
Als am 31. Januar 1950 mit der geplanten Überdachung im Bereich des Querbahnsteigs begonnen wurde, betrachtete man dies verständlicherweise als ersten Bauabschnitt, dem Zug um Zug die weiteren folgen würden. Doch es kam anders: Als man nach Jahren der Stagnation schließlich 1958 an die Fortführung des Hallenbaus ging, entschied man sich dabei für eine von Grund auf neue Lösung.
Doch zurück in das Jahr 1950 – zum 17. März, der zu den herausragenden Tagen in der ersten Phase des Wiederaufbaus zählt. Nach schaffensreichen Wintermonaten konnte nämlich das »Doppelrichtfest« für die Querbahnsteigüberdachung einerseits und für den neu erstehenden Starnberger Bahnhof andererseits gefeiert werden. Auch an der Baustelle dieses Flügelbahnhofs waren seit September 1949

die Arbeiten zügig vorangegangen. Zwar hatte man durch den Konkurs der zunächst beauftragten Firma Macher & Preis einen gewissen Rückschlag erlitten, doch wurde dieser von dem nachfolgenden Bauunternehmen Heilmann & Littmann mehr als wettgemacht.
Verglichen mit dem Vorläuferbau, sollte der neue Starnberger Bahnhof in wesentlich stärkerem Maße dem Hauptbahnhof untergeordnet und dessen im Werden begriffenen modernen Erscheinungsbild angepaßt werden. Die gesamte Bauplanung oblag dem Hochbau-Dezernat der Bundesbahndirektion München, dessen Architekt Heinrich Gerbl sich hierbei in besonderer Weise verdient machte.
Aus finanziellen Erwägungen wurde der Grundriß der alten Anlage im wesentlichen beibehalten. In der baulichen Gestaltung aber beschritt man einen völlig anderen Weg. Hatte man einstmals Schalterhalle und Querbahnsteig in unterschiedlicher Höhe errichtet, so vereinigte man nun den gesamten Baukomplex unter einem flachen Dach, das von zwei aufgesetzten Oberlichten überragt wurde. Die östliche Haupteingangsfront betonte man durch eine Pfeilervorhalle mit Freitreppe. Strenge Sachlichkeit kennzeichnete die Schalterhalle, deren weitflächige Verglasung von Decke und Stirnseiten einen »hellfreundlichen Charakter« bewirkte.
Hatte man 1949 bereits den Hauptbahnhof-Gaststätten mit dem sogenannten »Grünen Saal« sowie dem »Schäfflersaal« neue, dem allmählich wieder

Abb. 142: Der Starnberger Bahnhof nach seiner Vollendung, 1950
Nach nicht einmal einjähriger Bauzeit konnte der Starnberger Bahnhof am 15. Mai 1950 eröffnet werden. Er galt den Menschen der damaligen Zeit als hoffnungsvolles Sinnbild für den voranschreitenden Wiederaufbau. Im Hintergrund die unter Einbeziehung alter Bausubstanz wiedererrichtete nördliche Hallenlängswand.

aufstrebenden Fremdenverkehr Rechnung tragende Räumlichkeiten geschaffen, so war auch im Starnberger Bahnhof für Gemütlichkeit gesorgt: Ein internationales »Zeitungscafé« und eine eigene Gaststätte – mit »handwerklicher Kunst in münchnerischer Art« ausgestaltet – luden zum Verweilen ein.
Auch die weiteren Projekte des umfangreichen, im August 1949 entwickelten Bauprogramms waren termingerecht ausgeführt worden. So konnte sich der Hauptbahnhof im Mai 1950 den nach München strömenden Gästen der Oberammergauer Passionspiele in einem Bauzustand präsentieren, der angesichts der vorangegangenen Verheerungen »einmütige Zufriedenheit«, ja Erstaunen und Bewunderung hervorrief. »Und neues Leben blüht aus den Ruinen« – dieses Dichterwort war fünf Jahre nach Kriegsende auch für München und seinen Hauptbahnhof Wirklichkeit geworden.

Das neue Erscheinungsbild

Die entscheidenden Jahre 1951 bis 1965

Vieles war in den ersten Nachkriegsjahren geschaffen worden. Vieles aber blieb noch zu tun, um das Leben im Provisorium endgültig zu überwinden und den Hauptbahnhof zu einem attraktiven, allen Anforderungen gerecht werdenden Verkehrsknotenpunkt auszugestalten.

Noch war die der Innenstadt zugewandte Ostfront gezeichnet von den Zerstörungen des Kriegs, noch lag der Südbau in Trümmern, noch war die Schalterhalle lediglich mit einer behelfsmäßigen Dachkonstruktion versehen und die Gleishalle erst ansatzweise wieder überdacht.
Dieses Bild sollte sich in den 1950er und frühen 1960er Jahren, die zu den schaffensreichsten in der Bahnhofsgeschichte zählen, grundlegend verändern.[1]

Abb. 143: Die Schalterhalle in erster Nachkriegszeit
Bürkleins alte Einsteighalle diente seit dem Großumbau 1876 bis 1884 – begrenzt durch eine dreigliedrige Bogengruppe – als Vestibül und Schalterhalle. Das bis 1944 hier befindliche hölzerne Tonnengewölbe fiel den Bomben zum Opfer. Noch während des Kriegs errichtete man über den alten Umfassungsmauern ein Notdach.

Betrachtet man diese Bauperiode im Detail, so steht an ihrem Anfang der Wiederaufbau des Südtrakts an der Bayerstraße, der im Krieg bis auf die Außenmauern zerstört worden war. Hier richtete man nun – den bewährten Beispielen von Stuttgart, Ulm und Mannheim folgend – das Bundesbahn-Hotel München ein, in dem »der Begriff des Wohnens und der individuellen Sorge um den Gast beträchtliche und angenehm überraschende Erweiterung«[2] erfahren sollte. Schon bald nach seiner Eröffnung am 7. Dezember 1951 erfreute sich das komfortable 162-Betten-Haus einer rasch anwachsenden Zahl von Gästen – zumal sich die bayerische Metropole inzwischen auch anschickte, ihre alte Tradition als Messe- und Ausstellungsstadt wieder aufzunehmen und in verstärktem Umfang fortzuführen.
Wichtige Impulse für den weiteren Auf- und Ausbau des Hauptbahnhofs brachte das Vorhaben, die »Deutsche Verkehrsausstellung«, die 1925 erstmals in München stattgefunden hatte, 1953 erneut in der Landeshauptstadt durchzuführen. Als »Symbol des Wiederaufbauwillens und Künderin neuer Entwicklungen« ist diese zweite deutsche Verkehrsausstellung, die mehr als drei Millionen Menschen aus dem In- und Ausland besuchten, in die Nachkriegsgeschichte Münchens eingegangen.
Es versteht sich von selbst, daß man alles daran setzte, gerade anläßlich dieser umfassenden, allen Gebieten des Verkehrs gewidmeten Großveranstaltung auch den Hauptbahnhof in

verbessertem Bauzustand zu präsentieren. Die Möglichkeiten dafür waren allerdings begrenzt, denn für eine Fortführung der Gleishallenüberdachung mangelte es an den erforderlichen Finanzierungsmitteln und für den Neubau der Hauptfront fehlte es an einer definitiven Entscheidung über deren künftige Gestalt.
Was sich jedoch als realisierbar erwies, war die Erneuerung der Schalterhalle, die – um die Mitte des 19. Jahrhunderts als »Einsteighalle« errichtet – zur ältesten Bausubstanz des Hauptbahnhofs gehört. Im April 1944 hatte ein Bombenangriff deren halbtonnenförmiges Holzgewölbe restlos zerstört. Lediglich die Umfassungsmauern aus der Anfangszeit waren weitgehend erhalten geblieben. Noch während des Kriegs hatte man darüber eine provisorische Dachkonstruktion errichtet, die nun – Anfang der 1950er Jahre – durch eine neue und dauerhafte Lösung aus »unverkleideten geschweißten Zwischengelenkrahmen in Kastenprofilform«[3] ersetzt wurde.
Gleichzeitig erhielt die Schalterhalle eine neue Wandverkleidung, die die Relikte des Bürkleinschen Mauerwerks überdeckte. Erst der Großumbau der 1980er Jahre hat manches davon wieder freigelegt und dem aufmerksamen Betrachter erneut sichtbar gemacht.
Man verfolgte aber noch ein weiteres Ziel: Im Interesse eines freien und zügigen Verkehrsflusses sollte die Verbindung zwischen dem Bahnhofsplatz und den Bahnsteigen verbessert werden. So entfernte man die in der Hauptachse auch nach dem Krieg noch vorhandenen Rundbogengruppierungen aus der Bauzeit 1876–1884. Die eigentliche Schalterhalle, der nord-südliche Quergang und die angrenzende sogenannte Durchgangshalle wuchsen auf diese Weise räumlich zur Einheit zusammen. Nachdem man schließlich noch zahlreiche Ladengeschäfte eingerichtet hatte, konnte die Neugestaltung des gesamten Eingangsbereichs 1953 vorerst einmal abgeschlossen werden. Offengeblieben war lediglich die unmittelbare Anbindung der Schalterhalle an den Bahnhofsplatz. Erst 1958/59 – nach dem vollständigen Abbruch des Bürkleinschen Fassadenkomplexes – konnte dieses Vorhaben realisiert werden. Dabei führte man auch die 1953 erbaute Fußgängerunterführung, die zunächst vor dem Bahnhof geendet hatte, bis in die Schalterhalle fort. Das Ziel einer bestmöglichen Verbindung von Schiene und Straße war erreicht.

Abb. 144: Das 1951 eröffnete Bundesbahn-Hotel im Südtrakt des Hauptbahnhofs
Mit seiner weiträumigen Empfangshalle, der modernen Bar, dem vornehmen Frühstücksraum, den 98 Einzel- und 32 Doppelzimmern, die alle über Radio- und Fernsprechanschluß verfügten, den Konferenz- und Schreibräumen und einem »selbstdenkenden Lift« bot das Bundesbahn-Hotel einen in damaliger Zeit nicht alltäglichen Komfort.

Abb. 145: Die Schalterhalle in neuer Gestalt
1953 war der Umbau der Schalterhalle abgeschlossen. Man hatte dabei eine neue Dachkonstruktion errichtet und die ursprüngliche Rundbogenbegrenzung entfernt. Dies kam einer Verbesserung des Verkehrsflusses sehr zugute.
Links im Bild das 1951 eröffnete »Aktualitäten-Kino«.

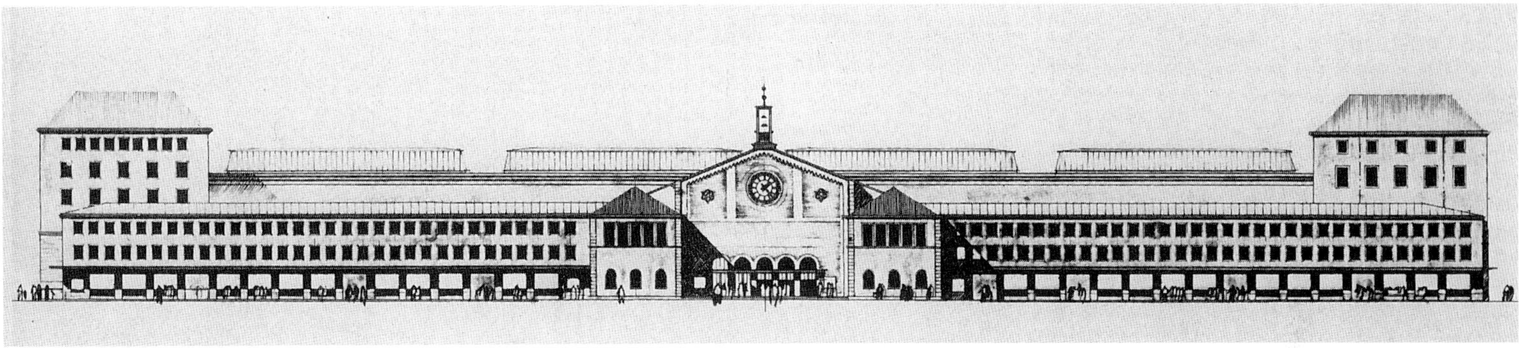

Abb. 146: Das neue Empfangsgebäude: Die erste Planungsstufe 1947–1949
Der Architekt Heinrich Gerbl hatte zunächst den Bürklein-Bau beibehalten und diesem beidseits langgestreckte, in der Höhe auf die alte Bausubstanz abgestimmte Flügelbauten angefügt.

Kurz sei an dieser Stelle auch des 1951 eröffneten, von der Südseite der Schalterhalle aus zugänglichen »Aktualitäten-Kinos« gedacht. In einer Zeit, in der das private Fernsehen noch weitestgehend unbekannt war, erfreute es sich »nicht nur beim durchreisenden Publikum, sondern auch bei der einheimischen Bevölkerung großen Zuspruchs, um so mehr zu dessen Veranstaltungen die Jugend stets Zutritt hatte«. Für 50 Pfennig führte ein »50-Minuten-Programm gewissermaßen eine ›Reise um die Welt‹ durch, wobei außer den neuesten und interessantesten Aktualitäten immer ausgesprochen gute Kultur- und am Programmschluß entzückende Zeichentrickfilme«[4] gezeigt wurden. Doch die Glanzzeiten des AKI gehören längst der Vergangenheit an, es dient heute mit anderen Programmen den Bedürfnissen einer anderen Kundschaft.
Ungleich größere Probleme als alle bisher durchgeführten Baumaßnahmen sollte der Neubau des Empfangsgebäudes aufwerfen, dem stadtbildprägende Bedeutung zukam.[5]
Schon 1947 und 1949 hatte der rührige Architekt Heinrich Gerbl erste Entwürfe gefertigt, die die Relikte des Bürklein-Baus beibehielten und durch moderne Flankenbauten bis zur Bayerstraße einerseits, zur Arnulfstraße andererseits ergänzten.
Es waren jedoch nicht so sehr Gründe des Denkmalschutzes, die Gerbl zur Einbindung des Überkommenen veranlaßt hatten. Er dachte vielmehr zu Anfang lediglich an eine Übergangslösung – war doch angesichts der erforderlichen, alle Bereiche des Bahnhofs betreffenden Aufbauarbeit auch der Gedanke an einen völligen Neubau westlich der alten Anlagen erneut in die Diskussion gekommen. Spätestens 1951 mußte man jedoch endgültig erkennen, daß Pläne dieser Art aus Kostengründen keinerlei Realisierungschancen hatten.
Damit kam dem Wiederaufbau der Hauptfront ein neuer Stellenwert zu. Es ging nun nicht mehr darum, eine Interimslösung für überschaubare Zeit zu schaffen, sondern für den Traditionsstandort im Herzen der Stadt eine zukunftbestimmende Konzeption zu entwickeln.
Schwierig und langwierig gestaltete sich angesichts der Bedeutung dieses Projekts der weitere Planungsprozeß, der in Regierungs-, Landes- und städtischen Behörden, aber auch in der breiten Öffentlichkeit heftig und kontrovers diskutiert wurde. Vieles hatte man erwogen und wieder verworfen, bis sich in einem Ende 1952 ausgeschriebenen Ideen-Wettbewerb das neue Antlitz der Fassade allmählich herauszukristallisieren begann. Es sollte noch bis August 1955 dauern, ehe die Planungen ihren definitiven Stand erreicht hatten.
Besiegelt war damit allerdings auch das Schicksal des Bürkleinschen Kernbaus, dessen Integrierung in den neuen Baukörper nun endgültig aufgegeben wurde.

Abb. 147: Blick auf den Hauptbahnhof, um 1955

Noch erfüllte der Kernbau des Bürkleinschen Centralbahnhofs die Funktion des Empfangsgebäudes. Doch die Tage dieses nun gut 100 Jahre alten Gebäudekomplexes waren gezählt. Bei den Planungen für die Neugestaltung der Bahnhofsfront hatten »die Fachleute erkannt, daß die Verwendung des alten Gemäuers keine schöne und zweckmäßige Lösung erlaubt«. Wenngleich dies aus heutiger Sicht bedauerlich ist, so sollte nicht übersehen werden, daß sich die Entscheidungen der 1950er Jahre an völlig anderen Wertmaßstäben orientiert haben, als sie der stark restaurativ geprägten Gegenwart zu eigen sind.

Im Hintergrund die ausgebrannte Kuppel des Verkehrsministeriums. Links daneben die trapezförmigen Oberlichte der neuen Querbahnsteigüberdachung.

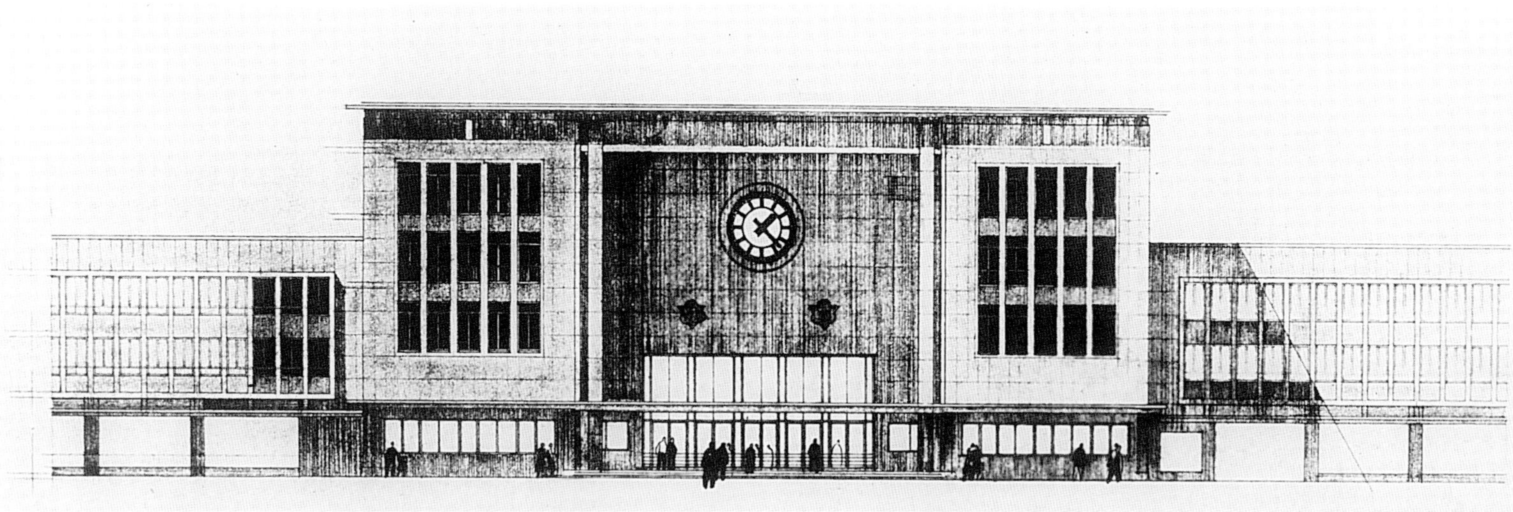

Abb. 148: Die zweite Planungsstufe 1951–1953
Ab 1951 entwickelte man erstmals Fassadenlösungen, die auf eine Beibehaltung der Relikte des Bürklein-Baus verzichteten. Diese hätte aus damaliger Sicht »den Bahnhof nicht in der Weise in Erscheinung treten lassen, wie es seiner Bedeutung entsprach und wie es für eine Stadt vom Range Münchens als notwendig angesehen werden mußte«.

Abb. 149: Der Neubau im Modell
Im Unterschied zu der vorangegangenen Planungsstufe, sind in der endgültigen Lösung die beiden Flügelbauten und der Mittelteil des Komplexes auf einheitliche Höhe gebracht.

Abb. 150: Das neue Empfangsgebäude des Hauptbahnhofs, um 1960
Der 174 Meter lange Gebäudekomplex ist als Stahlskelettbau mit vorgehängter, eloxierter Leichtmetallfassade konstruiert. Eine Glaswand schließt die in der Mitte befindliche Schalterhalle auf ganzer Breite ab. Sie gibt den Blick auf die Stadt frei. Ein glücklicher Zufall will es, daß dabei für den Ankommenden zu allererst die Türme der Frauenkirche sichtbar werden.

Abb. 151: Das große Vordach – ein architektonisches Charakteristikum des Hauptbahnhofs
Gleich einem riesigen Pilz überdeckt das Schutzdach im Stil der ausgehenden 1950er Jahre das Vorfeld des Bahnhofs.

Noch im Herbst 1955 begann man an der Ecke zur Bayerstraße mit den Bauarbeiten, die im August 1960 abgeschlossen werden konnten.
Der Hauptbahnhof – einstmals ein vielgliedriges, durch Arkaden verbundenes Gebäudeensemble – präsentiert sich Einheimischen und Fremden seither als geschlossener, 174 Meter langer und 21 Meter hoher Baukomplex in beherrschender hellgrüner Farbgebung.
Optischer Schwerpunkt ist die Mittelpartie der Fassade, hinter der sich die in die neue Bauflucht vorgezogene Schalterhalle erstreckt. Diese wird in voller Breite und Höhe zum Bahnhofsplatz hin durch eine Glaswand abgeschlossen, wie sie sich – »als Erbin gleichsam des großen Bogenfensters«[6] – an vielen Bahnhöfen der Nachkriegszeit in ähnlicher Weise findet. Kräftige Vertikalstreben binden die Glaswand mit der darüberliegenden, die beiden Garagengeschosse verdekkenden Wandfläche zusammen. Hier hat ein in verschiedenen Blauschattierungen gehaltenes abstraktes Mosaik von Rupprecht Geiger seinen Platz gefunden. In dieses einzige Beispiel für »Kunst am Bau« ist asymmetrisch eine große Uhr – das seit den Anfängen des massiven Bahnhofbaus klassische Fassadenattribut – integriert.
Den unteren Teil der Eingangszone akzentuiert ein weit auskragendes Vordach aus Spannbeton, das in seiner Formgebung – wesentlich ausgeprägter als der Bau insgesamt – die Handschrift der 1950er Jahre trägt.
Leicht und transparent durch das Medium Glas, dynamisch durch dessen Spiegeleffekte, aufwärtsstrebend durch die architektonische Betonung des Vertikalen – so präsentiert sich der Mittelteil der Bahnhofsfront.
Im Gegensatz dazu stehen die beiden anschließenden Seitentrakte: sechsgeschossige, durch ihre Rasterfassade gleichförmig wirkende Zweckbauten, deren unspezifisches Äußeres die Information »Bahnhof« nur im Zusammenspiel mit dem Eingangsbereich zu vermitteln vermag.
Das Erdgeschoß beherbergt hinter einer durchgehenden Schaufensterfront zahlreiche Ladengeschäfte. Auch das Amtliche Bayerische Reisebüro und die Deutsche Verkehrs-Kredit-Bank haben hier ihr Domizil gefunden. Drei weitere Etagen dienen vornehmlich Büro- und Verwaltungszwecken. Viertes und fünftes Obergeschoß hingegen sind – damals eine Novität im Hochbau der Deutschen Bundesbahn – als Garagen ausgebaut, die über automatische Aufzüge erreicht werden können und durch ihre Lamellenfenster einen charakteristischen Akzent in der Fassade setzen.
Als im August 1960 der 37. Internationale Eucharistische Weltkongreß in München stattfand, war das Empfangsgebäude des Bahnhofs nach fünfjähriger Bauzeit vollendet. Doch nicht nur dies: Wieder einmal hatte sich die Planung einer Großveranstaltung in der bayerischen Landeshauptstadt als Schubkraft für die Intensivierung der Baumaßnahmen im Bahnhofsbereich erwiesen. Sie kam diesmal dem letzten noch offenen Großvorhaben – der Schaffung einer neuen Gleishalle – zugute.[7]
Nach der Demontage der kriegsbeschädigten alten Einsteighalle 1949 hatte man bis 1950 – als erste Etappe auf dem Weg zu einem Neubau – die Querbahnsteigzone auf einer Länge von 40 Metern überdacht. Danach trat jedoch völlige Stagnation ein. Unter Hinweis auf die Kosten lehnte die Hauptverwaltung der Deutschen Bundesbahn in Frankfurt beharrlich jeden Vorstoß in Richtung Hallenbau ab. Sie sprach sich statt dessen lediglich für die Errichtung einzelner einfacher Bahnsteigdächer aus, die dem Reisenden jedoch ein unvergleichlich geringeres Maß an Schutz geboten hätten.
Erst 1957 setzte allmählich ein Umdenken ein, so daß die Bundesbahndirektion München daran gehen konnte, einen eigenen Entwurf für den Hallenbau auszuarbeiten. Aufgegeben hatte man dabei den zunächst naheliegenden Gedanken, auf die Planung des Jahres 1949 zurückzugreifen und diese – analog zu dem bereits fertiggestellten Teilabschnitt im Querbahnsteigbereich – fortzuführen.
Neue Gesichtspunkte verkehrlicher und betrieblicher Art waren seither hinzugekommen, die Berücksichtigung verlangten. Auch erlaubte die technische Weiterentwicklung im Stahlbau inzwischen andere Lösungen.
Gegenüber der Planung aus erster Nachkriegszeit, bei der man Abmessungen und Grunddisposition der vierschiffigen Einsteighalle des 19. Jahrhunderts beibehalten hatte, wies der neue Ent-

Abb. 152: Die Gleishalle im Bau

Im Herbst 1959 hatte man mit dem Hallenbau begonnen, der aus betrieblichen Gründen in zwei Abschnitten erfolgen mußte. Die Abbildung zeigt den Zustand zur »Halbzeit«: Gleich Schmetterlingsflügeln liegt die zunächst in Angriff genommene nördliche Hälfte der Dachkonstruktion auf den mittigen Stützpfeilern auf. Nach Verschiebung der Gerüstbühne auf die Südseite konnte der Bau dann fortgesetzt werden.

Abb. 153: Die neue Gleishalle nach ihrer Fertigstellung 1960
Die weiträumige, 140 Meter breite und einschließlich des Querbahnsteigs 220 Meter lange Halle war termingerecht zum 1. August 1960 vollendet worden. Der umbaute Raum umfaßt rund 464 000 Kubikmeter, das Gesamtstahlgewicht beträgt 2 375 Tonnen. Die Baukosten lagen bei rund 8,9 Millionen Mark.

Abb. 154: Blick von der Hackerbrücke auf die Westfront der Gleishalle, um 1960
Die Gleishalle ist in ihrem oberen Teil durch eine zehn Meter hohe Glasschürze abgeschlossen, die zusammen mit den Oberlichten und den seitlichen Fensterflächen für einen hohen Tageslichteinfall sorgt. Die Bahnsteige wurden in der Verlängerung der Halle später noch mit Einzeldächern versehen. Die im Gleisnetz erkennbaren Stellwerke brach man nach Inbetriebnahme des Zentralstellwerks im Jahr 1964 Zug um Zug ab.

wurf der Bundesbahndirektion gravierende Veränderungen auf:

– Die ursprünglich für die Dachkonstruktion vorgesehene Stützweite von 4 x 35 Metern wurde nun auf das Maß von 2 x 70 Metern verdoppelt. Damit verringerte sich die Zahl der Hallenschiffe von vier auf zwei, wodurch lediglich eine einzige mittlere Stützreihe erforderlich wurde. Der Vorteil lag dabei vor allem in einer größeren Flexibilität für künftige Veränderungen an Gleisen und Bahnsteigen.
– In konsequenter Fortführung dieser grundlegenden Modifikation vergrösserte man auch den Binderabstand der Hallenüberdachung von zunächst 10 auf nunmehr 20 Meter.
– Was die Gesamtlänge der Halle betraf, wurde diese von 150 Meter auf 220 Meter – einschließlich des Querbahnsteigs – erhöht. Damit war ausreichend Platz vorgesehen, um Züge mit der üblichen Regellänge innerhalb der Gleishalle aufzustellen.
– Schließlich sollte durch die Zusammenfassung der beiden Hallenschiffe unter einem gemeinsamen, leicht geneigten Satteldach eine großzügige Raumwirkung erzielt werden.

Mit ihrem 1958 vorgelegten Entwurf war die Bundesbahndirektion München einen neuen Weg gegangen, der mit der Planung des Jahres 1949 nur noch die Hallenbreite gemein hatte. An einer Stelle allerdings sollte es Probleme geben: Der Anschluß an die 1950 errichtete Querbahnsteigüberdachung stellte ein so erhebliches Hindernis dar, daß man diese schließlich zur Hälfte demontieren mußte. Lediglich unmittelbar über dem Querbahnsteig ließ sich die vorhandene Konstruktion mit ihren großen, trapezförmigen Oberlichten beibehalten. Sie erinnert den aufmerksamen Betrachter heute noch an die Aufbauphase der ersten Nachkriegsjahre.
Doch zurück in den Herbst des Jahres 1958. Auf der Grundlage des Entwurfs der Bundesbahndirektion wurde vom 30. Oktober bis 19. Dezember ein öffentlicher Wettbewerb durchgeführt, an dem sich nahezu alle bedeutenden deutschen Stahlbaufirmen beteiligten. Die Entscheidung fiel Anfang 1959 auf das Angebot der Firma Fried. Krupp, Rheinhausen, das in Zusammenarbeit mit Franz Hart, Professor für Hochbaukonstruktion an der Technischen Hochschule München, sowie dem Münchner Unternehmen Maurer Söhne erstellt worden war. Es wurde als das »in der Gestaltung zweckmäßigste, in der Montage vorteilhafteste und für den Bauherrn kostenmäßig günstigste«[8] beurteilt und zur Ausführung bestimmt. Damit waren endgültig die Weichen gestellt für eines der größten Bauvorhaben in der Geschichte des Hauptbahnhofs. Die Zeit allerdings drängte: Wollte man bis zum Eucharistischen Weltkongreß im August 1960 die Arbeiten insgesamt abgeschlossen haben, so standen für die Montage der gewaltigen Stahlkonstruktion lediglich rund acht Monate zur Verfügung.
Da zugleich auch die Arbeiten am Frontgebäude in vollem Gange waren, wurde mit Beginn des Hallenbaus das gesamte Bahnhofsareal vollends zur »Großbaustelle mit Gleisanschluß«. Eine organisatorische Herausforderung ersten Ranges war es, dabei dennoch den Bahnbetrieb aufrechtzuerhalten, dessen Umfang die Zahlen von täglich im Schnitt 920 Zügen, 175 000 Reisenden und 170 Tonnen zu befördernden Gepäck- und Expressguts verdeutlichen.
Probleme für den Neubau der Gleishalle bereitete zusätzlich die von Hauptverkehrsstraßen eingegrenzte »Insellage« des Bahnhofs, die die Deponierung und Verarbeitung von Baustoffen in dessen Nähe weitgehend unmöglich machte. So mußte etwa die Vormontage auf dem »Milchhof« nahe der Hackerbrücke erfolgen, »von dem aus die 20 Meter langen Trägerstücke als Sonderfrachten und unter erheblicher Lichtraumüberschreitung beinahe wie schwere Schiffseinheiten in die Halle zu bugsieren waren«.[9] Nur während der Nachtstunden konnten hier die erforderlichen Kranarbeiten durchgeführt werden.
Trotz aller Schwierigkeiten war die Gleishalle am 6. Mai 1960 stahlbautechnisch fertig montiert und am 1. August – nachdem noch Glaser, Spengler, Elektriker und Maler ihre Arbeiten durchgeführt hatten – vollendet.
15 Jahre nach Kriegsende verfügte der Münchner Hauptbahnhof nun wieder über eine seiner Bedeutung als Drehscheibe im europäischen Eisenbahnverkehr angemessene Gleishalle. Wie deren Vorläuferin – die vierschiffige Einsteighalle des 19. Jahrhunderts – einstmals zu den Pionierleistungen deutscher Ingenieurbaukunst gezählt hatte, so war auch diesmal ein

zukunftweisender Bau gelungen.
Ein Projekt stand nun noch aus, mit dessen Planung die Bundesbahndirektion München schon 1955 begonnen hatte – nämlich der Neubau eines Zentralstellwerks im Gleisvorfeld des Hauptbahnhofs östlich der Hackerbrücke.[10]
Optimierung des Betriebsablaufs und Erhöhung der Sicherheit – dies waren die Ziele, die man dabei vor Augen hatte. In der Siemens Aktiengesellschaft, deren Braunschweiger Bereich Eisenbahnsignaltechnik über umfassende einschlägige Erfahrungen verfügte, fand die Deutsche Bundesbahn den kompetenten Partner für die Verwirklichung dieses Vorhabens.
1960 konnte mit den Bauarbeiten begonnen werden, bei denen allein 150 Kilometer Signalkabel mit rund 4 000 Kilometer Aderlänge verlegt werden mußten. Im Mai 1961 erfolgte die Grundsteinlegung für den Hochbau, und am 11. Oktober 1964 – um vier Uhr morgens – war es soweit: Das neue Zentralstellwerk, das insgesamt 17 elektromechanische Einzelstellwerke entbehrlich machte, nahm seinen Betrieb auf. Von den vier Gleisbildstelltischen im Fahrdienstleiterraum aus können seither rund 300 Weichen und 400 Signale zentral bedient werden. Der siebengeschossige, mitten im dichten Gleisnetz sich erhebende Bau – Symbol moderner Eisenbahntechnik – ist zu einem neuen Wahrzeichen des Hauptbahnhofs geworden.
Die Vollendung des Zentralstellwerks beschließt die lange Reihe großer und entscheidender Baumaßnahmen der

Abb. 155: Das Befehlsstellwerk 2, um 1950
Alle Weichen und Signale mußten mittels elektromechanischer Schalthebel eingestellt werden. Die Hebelbänke der insgesamt 17 Stellwerke im Bereich des Hauptbahnhofs, an denen diese Arbeiten vorgenommen wurden, hätten aneinandergereiht eine Länge von 75 Metern eingenommen. Dieses auf das Jahr 1929 zurückgehende Stellwerksystem wurde 1964 durch das neue Zentralstellwerk abgelöst. Dabei konnte die ursprünglich benötigte Personenzahl von 148 auf 53 reduziert werden.

1950er und frühen 1960er Jahre. Schritt um Schritt hat der Hauptbahnhof während dieser Bauperiode ein weitestgehend neues Erscheinungsbild erhalten, das – trotz mancher späterer Umbauten – bis in die Gegenwart bestimmend geblieben ist.

Abb. 156: Das neue Zentralstellwerk, 1964
Der siebengeschossige, mit Aluminiumtafeln verkleidete Bau beherbergt im sechsten Obergeschoß gleichsam das »Gehirn des Bahnhofs« – den Bedienungsraum für die Fahrdienstleiter, der nach drei Seiten über die Außenmauern des Gebäudes hinausragt. Abgeschrägte, spiegelfreie Glasscheiben ermöglichen einen Überblick über das gesamte Bahnhofsareal. Die Arbeit in dieser »Kommandobrücke des Zugverkehrs« erfolgt anhand eines Gleisbilds, dessen Einzelelemente über zugehörige Relaisgruppen mit den entsprechenden Außenanlagen verbunden sind. Für das Einstellen einer Fahrstraße sind lediglich Start- und Zieltaste zu drücken. Selbsttätig werden dann die Gleise auf Freisein geprüft, die Weichen in die richtige Stellung gebracht, die Signale auf Fahrt gestellt und vieles andere mehr.
Das Zentralstellwerk ist über einen Gang mit der Hackerbrücke verbunden.

Zug um Zug

Die Verknüpfung mit S- und U-Bahn, der Großumbau der 1980er Jahre und die Einführung des ICE-Verkehrs 1991

Als am 15. Dezember 1957 Thomas Seehaus, Sohn eines Kaminkehrermeisters, in München das Licht der Welt erblickte, war dies auch für die bayerische Landeshauptstadt ein »freudiges Ereignis« – hatte sie doch damit erstmals die magische Zahl von einer Million Einwohnern erreicht. Und sie wuchs weiter, am stärksten unter allen deutschen Großstädten.
Parallel zu dieser Bevölkerungszunahme, die im Umland ähnlich verlief, entwickelte sich die weißblaue Metropole – über ihre klassische Funktion als »Kunst- und Fremdenstadt« hinaus – aber auch zu einem neuen wirtschaftlichen Schwerpunkt in der Bundesrepublik.
Diese Faktoren führten zu einer erheblichen Verschärfung der Verkehrssituation in Stadt und Region, zumal sie begleitet waren von einer wachsenden Mobilität der Bevölkerung und einem »Auto-Boom« bis dahin unbekannten Ausmaßes. So hatte der Stachus um 1960 die höchste Verkehrsdichte Europas aufzuweisen, und durch die Neuhauser und Kaufingerstraße mühten sich neben dichtem Individualverkehr stündlich rund 60 Straßenbahnzüge, mit deren Tempo der Fußgänger nicht selten Schritt halten konnte.
Es blieb nur eine Möglichkeit, diesem von Tag zu Tag unhaltbarer werdenden Zustand abzuhelfen – nämlich der Weg in den Untergrund.
Dieser Gedanke war nicht neu: Schon 1863 hatte man in London die erste Untergrundbahn der Welt eröffnet und 1896 in Budapest die Franz-Joseph-Unterpflasterbahn in Betrieb genommen. Diesen Beispielen waren bis zur Jahrhundertwende Glasgow, Paris und Berlin gefolgt.
In München war es Theodor Lechner, der im Jahre 1900 erstmals die Schaffung einer unterirdischen Bahnverbindung angeregt hatte. Diese Idee, die um 1910 und dann in den ausgehenden 1920er Jahren erneut aufgegriffen worden war, nahm schließlich in nationalsozialistischer Zeit konkrete Gestalt an. Am 22. Mai 1938 eröffnete Hitler am Goetheplatz mit dem ersten Rammstoß den U-Bahn-Bau in München. Bis Ende 1941 war der U-Bahnhof Goetheplatz mit einem in Richtung Sendlinger-Tor-Platz verlaufenden Streckenabschnitt von rund 600 Metern Länge im Rohbau fertig. Dann aber mußten die Arbeiten kriegsbedingt eingestellt werden. Der Tunnel diente als Luftschutzraum, erlitt schwere Bombenschäden und fand in erster Nachkriegszeit Verwendung für die Champignonzucht. Erst durch die Integrierung in das U-Bahn-Projekt der 1960er Jahre sollte er – instandgesetzt und umgebaut – schließlich doch noch seine ursprüngliche Bestimmung erfüllen.
Auch die Denkschrift »Das neue München« aus dem Jahre 1946 – gleichsam der erste Stadtentwicklungsplan nach der »Stunde Null« – hatte den Bau einer U-Bahn mit zwei im Stadtzentrum einander kreuzenden Hauptstrecken vorgesehen. Doch die Zeitumstände ließen an eine Realisierung zunächst nicht denken.
Um die Mitte der 1960er Jahre aber wurde es endgültig ernst: Am 29. Januar 1964 faßte der Stadtrat den Beschluß zum Bau einer ersten, nordsüdlich verlaufenden U-Bahn-Linie zwischen Freimann und Harras. Damit war der Startschuß gefallen für das größte Bauprojekt in der mehr als 800jährigen Geschichte der bayerischen Landeshauptstadt.[1]
Am 1. Februar 1965 senkte man an der Ungererstraße den ersten Bohrpfahl in den Boden. Die Arbeiten begannen, und München wurde auf Jahre hinaus zur gigantischen Baustelle – zumal nicht nur die Stadt selbst, sondern zugleich auch die Deutsche Bundesbahn in den Untergrund drängte.
Am 21. Juli 1965 genehmigte der Bundesminister für Verkehr das langgehegte Projekt einer Münchner S-Bahn, die die Erschließung der Region verbessern und intensivieren sollte. Dazu war es vor allem erforderlich, die bisher im Hauptbahnhof bzw. Ostbahnhof endenden Vorortstrecken zu einem einheitlichen Nahverkehrssystem mit U-Bahn-Anschluß zu verknüpfen. Nur durch die Schaffung eines 4,2 Kilometer langen Tunnels – in westöstlicher Richtung mitten durch die Innenstadt – konnte dieses Ziel erreicht und die Devise »Schneller zur Stadt – schneller nach Hause« verwirklicht werden.

Abb. 157: Die Bahn geht in den Untergrund

1966 wurde an der Nordseite des Hauptbahnhofs mit dem S-Bahn-Bau begonnen. Die Abbildung erinnert an diesen ersten Bauabschnitt, der das Areal von der Hackerbrücke an bis zum Karlsplatz in eine riesige Baustelle verwandelte.

Abb. 158: Arbeit unter Tag
Zwischen den S-Bahnhöfen wurde der Tunnel in bergmännischer Weise vorangetrieben. Auf der Strecke zwischen Hauptbahnhof und Ostbahnhof waren drei historische Bauwerke – das Karlstor, das Alte Rathaus und das Isartor – sowie die beiden Isararme zu unterqueren.

Abb. 159: Versuchsfahrten im Tunnel
Während die S-Bahnhöfe noch im Rohbau waren, wurde bereits im November 1970 mit ersten Versuchsfahrten auf der Tunnelstrecke begonnen. Nach deren offizieller Eröffnung am 28. April 1972 hatten die Münchner drei Tage lang Gelegenheit, zwischen Hauptbahnhof und Ostbahnhof kostenlos S-Bahn zu fahren. Am 28. Mai 1972 schließlich nahm die S-Bahn auf ihrem gesamten Netz den Betrieb auf.

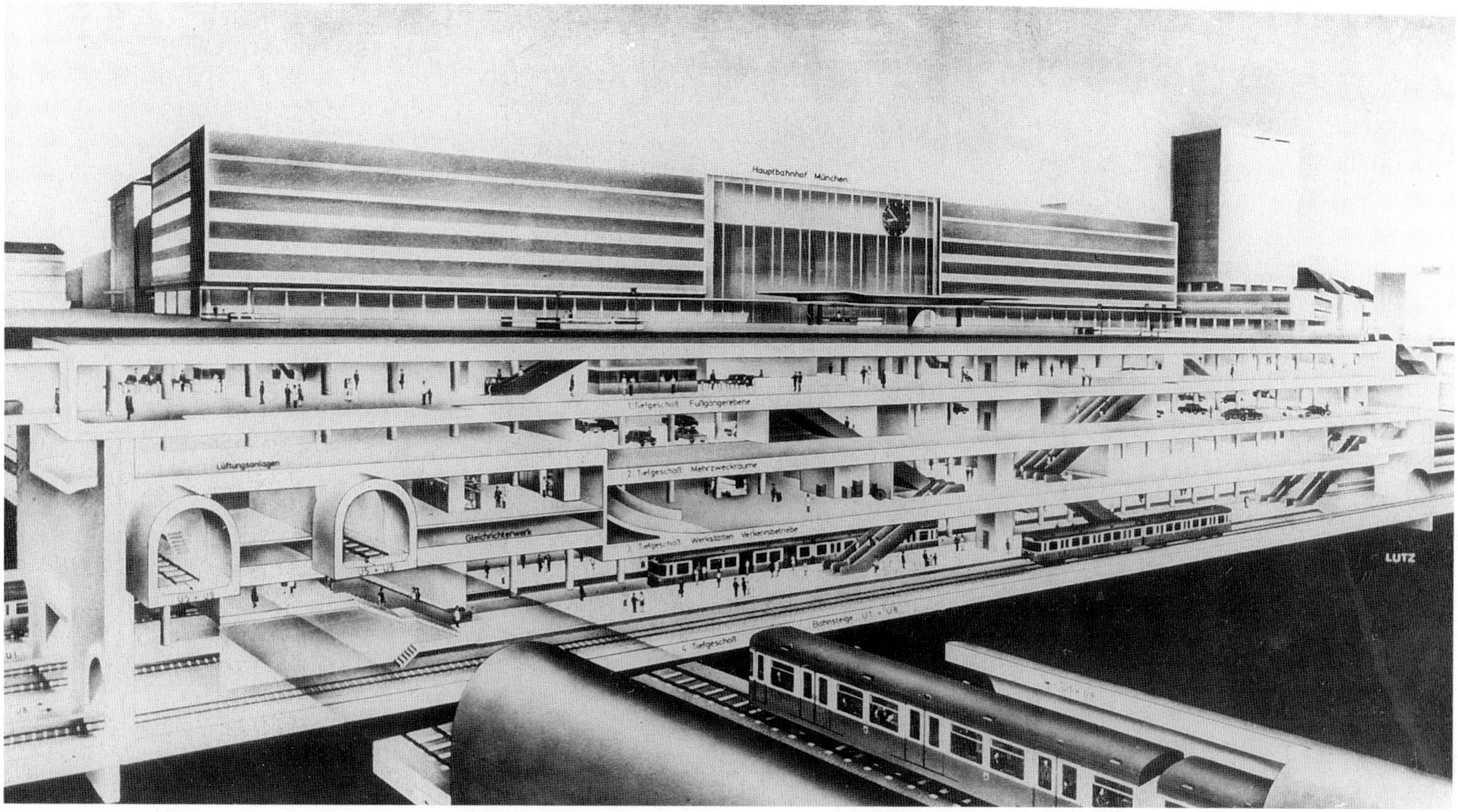

Abb. 160: Drehscheibe zwischen Stadt und Umland
1953 war man mit einer schlichten Fußgängerunterführung erstmals am Bahnhofsplatz in den Untergrund gegangen. Aus diesen bescheidenen Anfängen entwickelte sich ein weitverzweigter unterirdischer Großbau, dem durch das Zusammentreffen aller S-Bahn-Linien mit vier Linien der U-Bahn eine zentrale Rolle im öffentlichen Personennahverkehr zukommt.
Im Vordergrund die Verknüpfung der rechtwinkelig aufeinander treffenden Strecken U 1/U 2 und U 4/U 5.

Am 26. April 1966 fiel in Rom aber noch eine ganz andere Entscheidung, die für die Baumaßnahmen von nicht zu unterschätzender Tragweite war: München sollte vom 26. August bis 10. September 1972 Austragungsort der XX. Olympischen Sommerspiele werden. Damit stand der Zeitpunkt fest, zu dem die nordsüdliche U-Bahn-Linie mit einem zusätzlichen Seitenast vom Bahnhof »Münchener Freiheit« zum Olympiazentrum ebenso vollendet sein mußte wie der Neubau des zentralen S-Bahn-Tunnels und die Modernisierung von rund 400 Kilometern S-Bahn-Außenstrecken.
Viel hatte man sich vorgenommen, und die Zeit drängte. Doch mit Anspannung

Abb. 161: »Basilika des Verkehrs«: Modellausschnitt aus der Gesamtkonzeption für den Umbau der 1980er Jahre
Die Abbildung zeigt den Querbahnsteig mit Blick in die »himmelwärts« geöffnete Durchgangshalle.

aller Kräfte gelang es, sämtliche Bauvorhaben termingerecht fertigzustellen. Schon am 19. Oktober 1971 hatte die nordsüdliche U-Bahn-Linie ihren Betrieb aufgenommen. Ihr folgte am 8. Mai 1972 die »Olympia-Linie«, und drei Wochen später – am 28. Mai – wurde mit der Umstellung auf den Sommerfahrplan auch der S-Bahn-Betrieb im Rahmen des Münchner Verkehrs- und Tarifverbunds aufgenommen. Das vom Karlsplatz aus auf dem »60-Minuten-Weg« erreichbare Siedlungsgebiet dehnte sich damit von 500 auf 1 600 Quadratkilometer aus.
Dieser ersten Ausbaustufe sind weitere gefolgt. Zug um Zug hat das U-Bahn-Netz nach allen Himmelsrichtungen ausgegriffen und ist auf eine derzeitige Länge von rund 70 Kilometern angewachsen.
Die Verlagerung des Nahverkehrs in den Untergrund brachte dem Hauptbahnhof erhebliche Entlastung, fiel doch damit dessen durchschnittliche Frequenz, die 1971 täglich rund 1 000 Züge betragen hatte, auf 730 Züge im Jahre 1973 zu-

rück. Durch die Anbindung an S- und U-Bahn, die für das Leben und Arbeiten in München zu einem integrierenden Bestandteil geworden sind, hat der Hauptbahnhof aber auch erweiterte Funktionen erhalten: War er zuvor lediglich Ausgangs- bzw. Endpunkt der Vorortstrecken, so ist er heute – im Untergrund von den S-Bahn-Zügen aller Linien angelaufen – Bindeglied des Nahverkehrs. Die Verknüpfung mit vier U-Bahn-Linien macht ihn gleichzeitig auch zur Schaltstelle im innerstädtischen Verkehr und somit zum größten Verkehrsknotenpunkt der Landeshauptstadt.

In anderen Ballungsräumen des Bundesgebiets war die Entwicklung des öffentlichen Personennahverkehrs ähnlich verlaufen. Dies veranlaßte die Deutsche Bundesbahn in den ausgehenden 1970er Jahren, die Modernisierung vor allem jener Großstadtbahnhöfe ins Auge zu fassen, die durch die Verflechtung mit den Netzen von S- und U-Bahnen zusätzliche Aufgaben zu erfüllen hatten. Parallel dazu verfolgte man noch ein weiteres Ziel: Die Kunden- und Service-Bereiche sollten ausgebaut, qualitativ verbessert und durch eine nutzergerechte, attraktive Gestaltung auf ein neues Niveau gehoben werden.
Bei diesen Planungen stand der Münchner Hauptbahnhof in vorderster Reihe. Sein inneres Erscheinungsbild, das noch aus der Phase der »Aufbauarchitektur« der 1950er Jahre stammte, war zunehmend unansehnlicher geworden. Es konnte dem Wunsch der Reisenden nach Komfort und Kundenfreundlichkeit, der vor allem mit dem »Aufbruch ins Intercity-Zeitalter« 1971 erheblich angewachsen war, nicht mehr Rechnung tragen. So tat ein Umbau dringend not, sollte der Zug in die Zukunft nicht versäumt werden.
Mit Courage und Elan ging die Bundesbahndirektion München unter ihrem damaligen Präsidenten Dr. Alfons Thoma und dem Hochbaudezernenten Gerd Kranz an die Realisierung dieses Großbauvorhabens. Den entscheidenden Durchbruch brachte dabei die 1980 erfolgte Begegnung mit dem Münchner Architektenteam »Planung Fahr + Partner PFP«, das bereits mit mehreren durch Preise ausgezeichneten Stahlkonstruktionen im Bereich des Industriebaus hervorgetreten war. Kurz nach der ersten Kontaktaufnahme erhielt PFP den Großauftrag zur Neugestaltung des Empfangsgebäudes, die darauf abzielte, die Altbausubstanz völlig zu entkernen und durch einen kundenfreundlichen inneren Neubau zu ersetzen.[2]
»Nur äußerste Differenzierung der Gebäude nach den Erfordernissen des Arbeitsprozesses, schöpferische Durchdringung aller Gegebenheiten wird lebensvolle Organismen schaffen, die nicht von einer erborgten Schönheit, sondern durch ihre Eigentümlichkeit leben.« Unter diesem Leitmotiv – einem Zitat von Ludwig Hilbersheimer aus dem Jahre 1927 – machten sich die Architekten Rouge E. Fahr, Dieter Schaich und Josef Reindl in engem Zusammenwirken mit dem Hochbaudezernat der Bundesbahndirektion an die Arbeit.
»Beim ersten Sonntagsspaziergang im Bahnhof mit Dieter Schaich« – so schreibt Fahr rückblickend – »mein ›Urschrei‹: Eine Galerie muß rein!« Die zündende Idee einer zweiten, die Hallenwände umlaufenden Erschließungsebene war geboren. Sie sollte sich zu einer Grundkomponente des Umbaus entwickeln – bot sich doch auf diese Weise die Möglichkeit, die Verkehrs- und Nutzflächen ganz erheblich zu vergrößern und damit die räumlichen Voraussetzungen für eine Ausweitung des Service-Angebots zu schaffen.
Der Einbau von Galerien war *ein* Kernpunkt in der Konzeption der Architekten. Ihm sind weitere und nicht minder bedeutsame hinzuzufügen:
- die Öffnung der Dachflächen über der Durchgangshalle und der Vierung im Schnittpunkt zwischen westöstlicher und nordsüdlicher Hauptachse, um den Tageslichteinfall zu vervielfachen;
- der unkaschierte Einsatz der Technik als Gestaltungselement, um die Ästhetik der Konstruktion zur Wirkung zu bringen und dem Bau ein hohes Maß an Transparenz zu verleihen;
- die Wahl handelsüblicher rostfreier Edelstahl-Profile und -Halbzeuge als Baumaterial, um sicherzustellen, daß alle Bauteile über Generationen hin problemlos ausgebessert, ergänzt oder umgestaltet werden können;
- die weitestgehende Beschränkung auf die Farbreihe Mattsilber, Hellgrau und Weiß, um die Vielfalt des Lebendig-Bunten den Menschen, den Zügen, den Informationselementen, der

Abb. 162: Transparenz und Eleganz
Ein filigranes Dach aus Stahl und Glas spannt sich über Durchgangshalle und Vierung. Der ursprüngliche Plan der Architekten, auch die Schalterhalle in ähnlicher Weise zu überdachen, konnte allerdings nicht realisiert werden.

Abb. 163: Bahn und Post unter einem Dach
Reisezentrum und Postamt – um einen gemeinsamen Innenhof angeordnet – werden von einer pyramidenförmigen Stahl-Glas-Konstruktion überdeckt. Ein mächtiger Ficus benjamina wächst vom Erdgeschoß aus dem Licht entgegen.

Abb. 164: Die Durchgangshalle in neuer Gestalt
Das weitgeöffnete Dach, die Glasfront zum Querbahnsteig und das eingebaute Galeriegeschoß haben der Durchgangshalle ein völlig neues Aussehen verliehen. Die Galerie, durch vorspringende Kanzeln rhythmisch gegliedert, bildet nicht nur eine weitläufige Aussichtsebene, sondern zugleich mit ihren Läden und dem Postamt auch ein stark frequentiertes Stück »Fußgängerzone« im Bahnhof.

Abb. 165: Die zentrale Treppenanlage
Zwei Rolltreppen – mit verglasten Trägerkästen ausgestattet – und eine freitragende Stahltreppe führen von der Schalterhalle aus auf das Galeriegeschoß. Leider ist die Transparenz der Konstruktion durch einen nachträglichen Ladeneinbau unterhalb der Treppe in ihrer Wirkung stark beeinträchtigt.

Abb. 166: »Ruhe vor dem Sturm«: Das Reisezentrum kurz vor der Eröffnung 1986
Glasfronten öffnen das Reisezentrum zu Querbahnsteig und Durchgangshalle. Alle Arbeitsplätze sind – nach bahneigenem Entwurf – als offene Counter gestaltet und vermitteln die Atmosphäre eines Reisebüros.

Werbung und dem Warenangebot zu überlassen;
- schließlich die funktionale Gestaltung der gesamten Inneneinrichtung einschließlich aller Details – von den Warteraumbänken und Ladeneinbauten bis zur Beschilderung, von den Türen und Lampen bis hin zu den Abfallkörben –, um damit das Ziel eines »Bahnhofs aus einem Guß« zu verwirklichen.

Die »Menschen unterwegs« – mit ihren vielfältigen Wünschen, Erwartungen, Ansprüchen – waren den Architekten das »Maß aller Dinge«. Sie sollten sich wohl und sicher fühlen, sich mühelos zurechtfinden im »lichten, weißen Bahnhof« der Zukunft.

1982 wurde es ernst: Der erste Abschnitt des Umbaus im Bereich des Nordtrakts begann, wobei das Gebäude ohne Unterbrechung in Betrieb blieb. Rouge E. Fahr verglich die Schwierigkeiten dieser Situation bildhaft mit dem »Implantieren mehrerer Organe gleichzeitig am lebenden Patienten ohne Narkose, lediglich mit ein paar Akupunkturnadeln«.

Betrachten wir, was in rund sechsjähriger Bauzeit geschaffen worden ist:

Ein filigranes Stahlfachwerkdach spannt sich von der Schalterhalle aus bis zum Querbahnsteig und weckt Assoziationen an die im ausgehenden 19. Jahrhundert geprägte Apostrophierung der Großstadtbahnhöfe als »Kathedralen der Technik«.

Abb. 167: Das Reisezentrum – »Herzstück« im Servicekonzept der Deutschen Bundesbahn
Das Reisezentrum ist aus der »Bahnhofslandschaft« nicht mehr wegzudenken. Das hier konzentrierte vielfältige Angebot an Dienstleistungen hat für den Reisenden wesentliche Verbesserungen gebracht.

Abb. 168: Die »Internationale Presse«
Anläßlich der Internationalen Verkehrsausstellung 1953 hatte Max Sussmann erstmals einen kleinen, ausschließlich für ausländische Presseerzeugnisse bestimmten Kiosk eröffnet. Aus diesen bescheidenen Anfängen entwickelte sich die weithin bekannte »Internationale Presse«, die im Rahmen des Bahnhofumbaus ein neues Domizil beziehen konnte. Schiffsbugförmig schwingen sich die Regale – alle den Kunden zugewandt – in den Raum. Eine matt glänzende, als Reflektor dienende Aluminiumdecke, deren Geometrie nach den lichttechnischen Erfordernissen berechnet wurde, überwölbt den Laden.

Abb. 169: Ästhetik der Konstruktion: Die Dachlandschaft über Reisezentrum und Postamt
Durch die als gestalterisches Element integrierten Lüftungsrohre und Wartungsstege erweckt das Dach den Eindruck eines futuristischen Kunstobjekts.

Eine Galerie – in regelmäßigen Abständen zu Balkonen erweitert und durch großzügige Treppen und Rolltreppen mit dem Erdgeschoß verbunden – erstreckt sich entlang der Nordwand von Schalter- und Durchgangshalle sowie der Ostwand der Gleishalle. Sie gibt den Blick frei auf die vitale Mannigfaltigkeit großstädtischen Bahnhoflebens und eröffnet den Zugang zu den auf zweiter Ebene etablierten Dienstleistungsbereichen und Geschäften.

Seit 1986 ist das neugestaltete Reisezentrum in Betrieb. Auf 550 Quadratmetern sind hier – unterstützt von moderner Computertechnik – Information, Fahrausweisverkauf für den Fernverkehr, Reservierungsdienst, Kundendienst und Touristik der Deutschen Bundesbahn konzentriert.

Ein gemeinsamer »Licht-Hof«, der von einer Glaspyramide überdeckt wird, verbindet das Reisezentrum mit dem darüber liegenden, von der Galerie aus zugänglichen Postamt – einem in seiner Offenheit und Transparenz gelungenen Stück »Post-Moderne«.[3]

Draußen im Trubel des Querbahnsteigs stehen – gleichsam als »Wellenbrecher« – sechs attraktive, handwerklich überaus solide gefertigte Kioske.[4]

Aber auch in den Ladengeschäften des Empfangsgebäudes weht frischer Wind. Zwei Beispiele, die sich in besonderer Weise durch Originalität auszeichnen, mögen dies beleuchten:

Unser Blick gilt zunächst der »Internationalen Bahnhofsbuchhandlung Max Sussmann GmbH«, die seit 1945 fortführt, was Theodor Ackermann anno 1873 mit einem ersten Zeitungs- und Bücherstand im damaligen Centralbahnhof begonnen hat. Umsatzstärkster der Sussmannschen Bahnhofsläden ist die »Internationale Presse«. Für diese hat das Architektenteam eine außergewöhnliche, die Form eines Schiffsbuges aufgreifende Raumlösung entwickelt, um den Wunsch nach übersichtlicher Präsentation des Sortiments sowie den unverzichtbaren Bedarf an Nebenräumen auf 110 Quadratmetern bestmöglich zu verbinden. Mehr als 1 400 Presseerzeugnisse und 5 000 Taschenbücher in 27 Sprachen befinden sich seither an Bord dieses »Bücherschiffs«, das zu den meistfrequentierten Zielpunkten im Bahnhof gehört.

Besuchenswert ist aber auch das traditionsreiche, 1866 gegründete Fruchthaus Anton Brunthaler. Es hat zusammen mit seiner Saftbar an der Südwand der Schalterhalle ein neues Domizil gefunden und sei als zweites Beispiel einer rundum geglückten Ladengestaltung angeführt. Anders als in den Presse-Shops mit ihrem diffusen Leuchtstofflicht wurde hier der Raum mit einem »Spiegel-Struktur-Himmel voller ›Halogene‹« überwölbt, die das Warenangebot »glänzend« ins Licht rücken. Doch das Fruchthaus hat nicht nur Köstliches, sondern auch historisch Einmaliges zu bieten. Nirgends ist man nämlich den Ursprüngen der Münchner Bahnhofsgeschichte räumlich näher als hier – haben doch die Architekten beim Umbau, zwischen zwei Betonstürzen der Nachkriegszeit, neoromanische Rundbögen des um 1850 geschaffenen Bürklein-schen Centralbahnhofs entdeckt. Behutsam freigelegt und restauriert, erinnern sie den aufmerksamen Betrachter an eine Zeit, in der die Kgl. Bayerische Haupt- und Residenzstadt einen der damals modernsten Bahnhöfe ihr eigen nennen durfte.

Mit der Errichtung der großen, vierschiffigen Gleishalle in den 1870er und frühen 1880er Jahren hatte München dann abermals seine führende Stellung im Bahnhofsbau behauptet. Rund 100 Jahre später war man auf dem besten Weg, an diese Tradition anzuknüpfen. Hätte die ideenreiche Architektengruppe »Planung Fahr + Partner PFP« ihre Gesamtkonzeption verwirklichen können, wäre der Münchner Hauptbahnhof ohne Zweifel eine der wegweisenden deutschen Bauleistungen des ausgehenden 20. Jahrhunderts geworden.

Doch was mit soviel Elan begonnen wurde, ist bislang Torso geblieben. In krassem Gegensatz zum neugestalteten Nordtrakt steht der südliche Teil des Bahnhofs. Er verharrt – von zwei »Lichtblicken«, dem Fruchthaus sowie dem modernisierten Hoteleingang, abgesehen – unverändert in seinem aus erster Nachkriegszeit stammenden Erscheinungsbild. Die Hoffnungen auf den dringend erforderlichen Umbau auch dieses Bereichs haben sich bislang nicht erfüllt. Und vollends ins Reich der Utopie verwiesen sind alle weiterreichenden Vorstellungen der Architekten, die unter anderem die umlaufenden Galerien über Treppen und Terrassen ins Freie hinausführen wollten, um sie an die Fußgänger-

Abb. 170: Schmuckstück auf der Galerie: Das Postamt 31

Rund um den Innenhof haben die Architekten sechs Schalter, sechs Telefonkabinen und weitere Kommunikationseinrichtungen wie Btx, Telex, Telefax etc. – einschließlich der zugehörigen nationalen und internationalen Verzeichnisse – benutzerfreundlich gruppiert. Edelstahl und Glas schaffen in Verbindung mit dem wasserblauen Boden ein harmonisches Ambiente.

Abb. 171: »Inseln des guten Designs«: Die Kioske am Querbahnsteig

Das ehemalige Kunterbunt an Verkaufsständen haben die Architekten durch sechs neugestaltete, ebenso robuste wie einladende Kioske ersetzt. Gefertigt aus den beim Umbau durchgängig verwendeten Materialien, bieten die „Glastempelchen" mit ihrem Sprossenwerk und den hübschen Lampen an den Dachecken dem Reisenden freundlich »Willkomm und Adieu«.

Abb. 172: Lichtblick an der Südwand der Schalterhalle: Das Fruchthaus Brunthaler
Deutlich zeigt das Bild zwei neoromanische Bögen des Bürkleinschen Centralbahnhofs, die bei den Baumaßnahmen freigelegt wurden. Historisches Mauerwerk und moderner Ladenbau in konsequentem Design sind hier ansprechend-lebendig in Verbindung gebracht.

Abb. 173: Hilfe rund um die Uhr: Die Bahnhofsmission
Die Bahnhofsmission wurde 1897 vom »Marianischen Mädchenschutzverein in Bayern« ins Leben gerufen, um vor allem junge Frauen zu betreuen, die vom Land in die Stadt kamen. Heute zählt diese Einrichtung sieben festangestellte und rund 150 ehrenamtliche Mitarbeiter. 1991 bezog die Bahnhofsmission ihr neues Domizil neben Gleis 11. Wer Hilfe braucht, ist hier gut aufgehoben.

zone anzubinden und damit die moderne Funktion des Bahnhofs als eines »Verkehrs-Marktplatzes« auch architektonisch deutlich zum Ausdruck zu bringen.

Ein ganz anderes, auch für München bedeutsames Vorhaben der Bundesbahn ist inzwischen jedoch Wirklichkeit geworden – nämlich das Großprojekt eines Hochleistungssystems für den deutschen Eisenbahnverkehr.[5]

»Doppelt so schnell wie das Auto, halb so schnell wie das Flugzeug« – unter dieser Devise hatte man Anfang der 1970er Jahre mit den Planungen begonnen. Es war »höchste Eisenbahn«, wollte man den Anschluß finden an internationale Maßstäbe, wie sie die Japaner mit dem »Shinkansen« und die Franzosen mit dem »Train à Grande Vitesse (TGV)« gesetzt hatten. Auch bedurfte die Bahn, die ihre einstmals dominierende Rolle längst mit anderen Verkehrsträgern teilen mußte, eines kräftigen Innovationsschubs, um sich im Wettbewerb erfolgreich zu behaupten.

Auf dem weiten Weg von der Idee zur Realität waren vor allem zwei grundlegende Probleme zu lösen – nämlich die Schaffung eines leistungsfähigen Streckennetzes sowie die Entwicklung einer modernen Fahrzeuggeneration.

Mit dem »Jahrhundertereignis« deutscher Eisenbahngeschichte – dem ersten Rammschlag für die 327 Kilometer lange Neubaustrecke Hannover–Würzburg am 10. August 1973 bei Laatzen – traten die Baumaßnahmen in ihr konkretes Stadium. Wenngleich manche der weiteren anvisierten Bauprojekte aus Kostengründen zurückgestellt werden mußten, konnten 1976 auch die Arbeiten an der zweiten, 99 Kilometer umfassenden Neubaustrecke Stuttgart–Mannheim begonnen werden. Zusätzlich baute man die vorhandenen Strekken auf Hunderten von Kilometern aus, um sie den Anforderungen des Hochgeschwindigkeitsverkehrs anzupassen.

Parallel zu diesen Großbauvorhaben war die Bundesbahn mit finanzieller Förderung aus Bundesmitteln und in engstem Zusammenwirken mit den einschlägigen deutschen Industrieunternehmen an die schwierige Aufgabe gegangen, für die »Bahn von morgen« einen neuen Fahrzeugtypus zu schaffen.

In mehr als zehnjähriger Forschungs- und Entwicklungsarbeit ist mit dem Intercity-Express (ICE) – der Baureihe 401

Abb. 174: Eng und unbequem: Die Bahnsteige vor dem Umbau
Mit Breiten von maximal sechs Metern entsprachen die Bahnsteige schon längst nicht mehr den Anforderungen des »IC-Zeitalters«, das 1971 begonnen hatte. Auch die gesonderten Gepäckbahnsteige waren zu schmal und nicht ausreichend lang. Hinzu kamen gravierende bauliche Mängel, so daß eine Modernisierung des Bahnsteigbereichs dringend notwendig wurde.

Abb. 175: Die Bahnsteige nach ihrer Umgestaltung
In den 1980er Jahren – zeitgleich mit dem Großumbau des Empfangsgebäudes – gestaltete man auch die Bahnsteige um. Die Trennung in Gepäck- und Personenbahnsteige wurde aufgehoben, so daß die neuen, gemischt genutzten Bahnsteige auf rund neun bis zehn Meter verbreitert werden konnten. Um das Ein- und Aussteigen zu erleichtern, erhöhte man sie dabei auf 76 Zentimeter über Schienenoberkante. Auch die veralteten Prellböcke wurden durch neue ersetzt. Zur raschen Orientierung der Fahrgäste installierte man elektronisch gesteuerte Zuginformationsanzeiger.

der DB – ein Spitzenprodukt internationaler Bahntechnik herangereift: Die Funktion der Lokomotive klassischer Prägung übernehmen dabei zwei an den beiden Zugenden befindliche, im Windkanal geformte Triebköpfe. Ausgestattet mit verschleißarmen Drehstrommotoren, die zusammen eine Dauerleistung von 9 600 Kilowatt erbringen, verfügen sie über ein Potential, das für fahrplanmäßige Geschwindigkeiten von 280 Stundenkilometern ausgelegt ist. Modernste Elektronik koordiniert dabei alle Funktionsabläufe, sorgt für Sicherheit und bietet dem Passagier ein vielfältiges, individuell abrufbares Kommunikations- und Informationsangebot.

Weit war der Weg von den »schnaubenden Dampfrössern« der Anfangszeit zu den windschnittigen weißen High-Tech-Zügen der Gegenwart, die 1985 – im 150. Jubiläumsjahr der deutschen Eisenbahn – unter der Bezeichnung »Intercity Experimental« in die Erprobungsphase gingen. Am 2. Juni 1991 schließlich hat der ICE auf seiner ersten Strecke München–Stuttgart–Mannheim–Frankfurt–Kassel–Hannover–Hamburg auch fahrplanmäßig den Betrieb aufgenommen. Dieses Datum, mit dem der Münchner Hauptbahnhof »Anschluß an die Zukunft« gefunden hat, mag als Schlußpunkt in der Betrachtung seiner Geschichte dienen.

Der »Zug der Zeit« hat uns dabei von der Epoche des Biedermeier bis an die Schwelle zum neuen Jahrtausend geführt. Groß werden die Herausforderungen sein, die durch das verstärkte Zusammenwachsen mit dem östlichen Teil Deutschlands, durch das Zusammenwachsen aber auch im europäischen Rahmen auf den Hauptbahnhof zukommen. Doch der Blick in die Historie, die Zeugnis gibt von einer Vielzahl bestandener Bewährungsproben und einem mehr als 150 Jahre lang gemeisterten Anpassungsprozess an sich wandelnde Gegebenheiten, läßt mit Zuversicht an morgen denken.

Abb. 176: Blick auf den Hauptbahnhof in west-östlicher Richtung
Der Hauptbahnhof – »Tor der Stadt« von Anfang an – hat mit der Aufnahme des ICE-Verkehrs am 2. Juni 1991 eine neue Funktion als südöstlicher Eckpfeiler im Hochgeschwindigkeitssystem der Deutschen Bundesbahn erhalten. Die Intercity-Expreß-Züge, die dem Fahrgast ein Höchstmaß an Komfort bieten, gehören inzwischen bereits zum vertrauten Bild der Münchner Bahnhofslandschaft.

Anmerkungen

»Eiserne Kunststraßen« für Bayern

[1] Zit. nach Konrad von Zwehl (Hrsg.): Aufbruch ins Industriezeitalter, Bd. 3 (= Quellen zur Wirtschafts- und Sozialgeschichte Bayerns vom ausgehenden 18. Jahrhundert bis zur Mitte des 19. Jahrhunderts). München 1985, S. 165f.
[2] Zit. nach Helmut Zedelmaier: Joseph von Baader (1763–1835) – Ein vergessener bayerischer Erfinder. In: Rainer A. Müller (Hrsg.): Unternehmer – Arbeitnehmer. Lebensbilder aus der Frühzeit der Industrialisierung in Bayern. München 1985, S. 63.
[3] Ebenda.
[4] Zit. nach Zedelmaier, S. 68.
[5] Dieses und die folgenden Zitate aus Joseph von Baader: Neues System der fortschaffenden Mechanik. München 1822.
[6] Zit. nach Zedelmaier, S. 68.
[7] Zit. nach Zedelmaier, S.69.
[8] Zit. nach Zedelmaier, S.70.
[9] Dieses und die folgenden Zitate nach Ehrhard Hauck: Joseph Ritter von Baader, ein bayerischer Journalist und Vorkämpfer des deutschen Eisenbahnwesens. München 1933.

»Das Glück des Volks – die rasche Schienenbahn«

[1] Die Ausführungen dieses Kapitels basieren im wesentlichen auf den durch Sorgfalt der Quellenrecherche und Anschaulichkeit der Darstellung in gleicher Weise ausgezeichneten Arbeiten von Anton Liebl: Die Privateisenbahn München–Augsburg (1835–1844). Entstehung, Bau und Betrieb (= Miscellanea Bavarica Monacensia, Heft 103). München 1982; Aufgeh'n wird die Erde in Rauch. Geschichte der ersten privaten Eisenbahnen in Bayern. München 1985. Die folgenden Anmerkungen nehmen auf die zuletzt genannte Veröffentlichung Bezug.
[2] Zit. nach Liebl, S. 14.
[3] Zit. nach Liebl, S. 83.
[4] Zit. nach Liebl, S. 122.
[5] Zit. nach Liebl, S. 142.
[6] Ebenda.
[7] Zit. nach Georg Jacob Wolf: Ein Jahrhundert München. 1800–1900. Zeitgenössische Bilder und Dokumente. Frankfurt/Main 1980 (= Nachdruck der 3. Auflage 1935), S. 179.
[8] Ludwig Steub, zit. nach Wolf, S. 182.
[9] Münchener Politische Zeitung, 6. Oktober 1840, zit. nach Liebl, S. 149.

Holzprovisorium auf dem Marsfeld

[1] Vgl. Hugo Marggraff: Wie die ersten Bahnhöfe Münchens entstanden. In: Das Bayerland, 24. Jg. (1912), Heft 5, S. 68–72; Heft 6, S. 84–88; Heft 7, S. 100–103; hier: S. 69f.
[2] Zit. nach Wolfgang Süß: Die Geschichte des Münchner Hauptbahnhofes. Essen 1954, S. 22.
[3] Zit. nach Wolf, S. 181.
[4] Zit. nach Zwehl, S. 175.
[5] Schreiben Joseph Anton von Maffeis an König Ludwig I., 9. September 1841.
[6] Zit. nach Bernhard Ücker: Die Bayrische Eisenbahn 1835–1920, München 1985, S. 21.
[7] Zit. nach Liebl: Aufgeh'n wird die Erde, S. 161.
[8] Zit. nach Marggraff, S. 70.
[9] Zit. nach Marggraff, S. 69.
[10] Zit. nach Marggraff, S.62.

»Eins der vollendetsten Architecturwerke dieser Specialität«

[1] Leipziger »Illustrirte Zeitung«, 15. März 1851.
[2] Zit. nach Süß, S. 26.
[3] Ebenda.
[4] Zit. nach der Festschrift »575 Jahre Kgl. privil. Hauptschützengesellschaft München 1406«, München 1981, aus der auch die folgenden Zitate stammen.
[5] Zur Planungs- und Baugeschichte des Centralbahnhofs vgl. neben Süß und Marggraff auch Ulrich Krings: Deutsche Großstadt-Bahnhöfe des Historismus. Phil. Diss. München 1978, Köln 1981; sowie die hervorragende, überaus gründliche Arbeit von Beatrice Sendner-Rieger: Die Bahnhöfe der Ludwig-Süd-Nord-Bahn 1841–1853. Zur Geschichte des bayerischen Staatsbahnwesens im 19. Jahrhundert. Herausgegeben von der Deutschen Gesellschaft für Eisenbahngeschichte e.V., Karlsruhe 1989.
[6] Zit. nach Sendner-Rieger, S. 36.
[7] Zit. nach Sendner-Rieger, S. 37.
[8] Dieses und die folgenden Zitate stammen aus der Leipziger »Illustrirten Zeitung«, 15. März 1851.
[9] Zu Johann Mannhardt vgl. Walter Ackermann: Der Turmuhrenbau Johann Mannhardts im 19. Jahrhundert. In: Alte Uhren und moderne Zeitmessung, 1990, Heft 3, S. 21–35, Heft 4, S. 40–53.
[10] Vgl. Süß, S. 42.
[11] Zit. nach Süß, S. 41.
[12] Vgl. Bayerisches Hauptstaatsarchiv, MInn 64661.

»Es saust das Dampfroß rings durchs Land«

[1] Theodor Lechner: Die Privat-Eisenbahnen in Bayern. München, Berlin 1920, S. 91f.
[2] Dieses und die folgenden Zitate stammen aus dem »Prospectus des München-Rosenheim-Salzburger Eisenbahn-Unternehmens«, Mitte April 1850.
[3] Kosmas Lutz: Der Bau der bayerischen Eisenbahnen rechts des Rheins. München, Leipzig 1883, S. 35f.
Diese Arbeit bietet nicht nur einen historischen Überblick und eine detaillierte Baubeschreibung der einzelnen Bahnlinien. Sie enthält u. a. auch ein alphabetisches Verzeichnis des bautechnischen Personals mit Hinweisen zur jeweiligen beruflichen Laufbahn sowie eine sehr hilfreiche Zusammenstellung der das bayerische Eisenbahnwesen betreffenden Gesetze und Verordnungen in vollem Wortlaut.
[4] Aus: Fest-Chor. Bei der feierlichen Eröffnung der Kaiserin-Elisabeth-Bahn vorgetragen von der Salzburger Liedertafel (Beilage zur Münchner Stadtchronik).
[5] Leipziger »Illustrirte Zeitung«: Die Einweihung der wien-münchener Eisenbahn, September 1860.
[6] Oberbayerische Kreis-Gewerbe- und Handelskammer: Jahresbericht 1860, S. 4.
[7] Zit. nach Karl Böhm: Eisenbahnbau München–Straubing. Zur Geschichte der »Königlich privilegierten Aktiengesellschaft der bayerischen Ostbahnen« in Niederbayern (1856–1875). In: Jahresbericht des Historischen Vereins für Straubing und Umgebung, 82. Jg. (1980), S. 67–104, hier S. 74.
[8] Lechner, S. 112.
[9] Franz Reber: Bautechnischer Führer durch München. München 1876, S. 185.

Ostbahnhalle – Frontbau-Erweiterung – Längenwachstum

[1] Zit. nach Marggraff, S. 100.
[2] Edward Wilberforce: Ein Snob in München – Die erstaunlichen Beobachtungen des Mr. Edward Wilberforce in München anno 1860. Übersetzt und kommentiert von Gerhart Wiesend. München 1990, S. 107ff.
[3] Dieses und die folgenden Zitate stammen aus dem Jahresbericht 1863 der Oberbayerischen Kreis-Gewerbe- und Handelskammer, S. 12ff.
[4] Reber, S. 190.
[5] Ebenda.

[6] Vgl. Anton Joachimsthaler: Bundesbahn-Ausbesserungswerk München-Freimann. Geschichte, Menschen, Fahrzeuge. Hrsg. von der Deutschen Bundesbahn, Bundesbahn-Ausbesserungswerk München-Freimann, 1985.
[7] Reber, S. 193.

Zeitgemäße Stilform – kühne Konstruktion

[1] C. A. Regnet: Der Centralbahnhof in München. In: Leipziger »Illustrirte Zeitung«, 19. März 1881, S. 232–234.
[2] Gesetz vom 15. April 1875, die Erwerbung der Kgl. privil. bayerischen Ostbahnen für das Kgl. Bayer. Staatsärar betreffend.
[3] Grundlage für die folgende Darstellung waren insbesondere die Veröffentlichungen von Carl Schnorr von Carolsfeld, die einschlägigen Abhandlungen in der Deutschen Bauzeitung sowie die überaus ins Detail gehende Arbeit von Ulrich Krings.
[4] Carl Schnorr von Carolsfeld: Die Pläne des Central-Bahnhofes München. In: Organ für die Fortschritte des Eisenbahnwesens in technischer Beziehung. Neue Folge, Bd. XXIV, Heft 5, 1887, S. 181–185, hier: S. 183.
[5] F. (= K. E. O. Fritsch): Das neue Empfangsgebäude des Zentral-Bahnhofs in München. In: Deutsche Bauzeitung, Nr. 59, 1881, S. 333f., hier: S. 333.
[6] Schnorr von Carolsfeld, S. 184.
[7] Schnorr von Carolsfeld, S. 183.
[8] F. (= K. E. O. Fritsch), S. 334.
[9] C. A. Regnet, S. 234.
[10] Zit. nach Krings, S. 188.

Utopie und Wirklichkeit

[1] Die Vermutung liegt nahe, daß es sich hierbei um ein Pseudonym handelt.
[2] Vgl. Friedrich Graf: Eine Lebensfrage für München. In: Süddeutsches Bank- und Handelsblatt, 13. Jg. (1889), Nr. 660, S. 93–100, hier S. 96.
[3] X. B. Liebig: München – die werdende Millionenstadt – und seine Verkehrsverhältnisse. München 1896, S. 51.
[4] Dieses und die folgenden Zitate aus: Graf, S. 99f.
[5] Liebig, S. 7.
[6] Liebig, S. 46.
[7] Theodor Lechner: Die Bebauung der Kohleninsel im Zusammenhange mit dem Münchener Bahnnetze. München 1900, hier: Vorwort.
[8] Lechner: Die Bebauung der Kohleninsel, S. 24.
[9] IHK-Wirtschaftsarchiv für München und Oberbayern, Bestand K 1, XV C/20, 1. Bd.
[10] Lechner: Die Bebauung der Kohleninsel, Vorwort.
[11] Dieses und die folgenden Zitate aus: Graf, S. 94.

Kristallisationspunkt der Stadtentwicklung

[1] Dieses und die folgenden Zitate aus: Leipziger »Illustrirte Zeitung«, 15. März 1851, S. 170.
[2] Dieses und die folgenden Zitate aus: Julius Kahn: Münchens Großindustrie und Großhandel. 2. Aufl. München 1913, S. 369–371.
[3] Vgl. Richard Bauer (Hrsg.): Zu Gast im alten München. Erinnerungen an Hotels, Wirtschaften und Cafés. München 1982, S. 11. Dieser informative Bildband diente auch als Quelle für die Bildlegenden zu den in diesem Kapitel vorgestellten Hotels.
[4] Vgl. Bayerischer Architekten- und Ingenieur-Verein (Hrsg.): München und seine Bauten. München 1912, S. 524–529; Josef H. Biller, Hans-Peter Rasp: München. Kunst & Kultur. Lexikon. München 1985, S. 63f.
[5] Vgl. Archiv für deutsche Postgeschichte, Heft 2, 1988, S. 51–54; Peter Gürlich: Die Briefpost-Untergrundbahn in München. In: Archiv für Postgeschichte in Bayern, Heft 1, 1969, S. 197–199.
[6] Dieses und die folgenden Zitate aus: Gürlich, S. 198.
[7] Vgl. Reber, S. 191.
[8] Bayerische Rückversicherung Aktiengesellschaft (Hrsg.): Die andere Tradition. Architektur in München von 1800 bis heute. München 1982, S. 60.

Im Zeichen der Gigantomanie

[1] Vgl. hierzu insbesondere Süß, S. 105ff.; Hans-Peter Rasp: Eine Stadt für tausend Jahre. München – Bauten und Projekte für die Hauptstadt der Bewegung. München 1981, S. 17f.
[2] Zit. nach Süß, S. 108.
[3] Zit. des Kunsthistorikers Karl Arndt, nach Anton Joachimsthaler: Die Breitspurbahn. Das Projekt zur Erschließung des groß-europäischen Raumes 1942–1945. 3. Aufl. München, Berlin 1981, S. 26.
[4] Die folgenden Ausführungen basieren auf den oben genannten Veröffentlichungen von Joachimsthaler, S. 318ff.; Rasp, S. 83ff., S. 130ff.; Süß, S. 108ff.
[5] Zit. nach Rasp, S. 78.
[6] Zit. nach Joachimsthaler: Die Breitspurbahn, S. 327.
[7] Zit. nach Joachimsthaler: Bundesbahn-Ausbesserungswerk, S. 16.
[8] Zit. nach Joachimsthaler: Die Breitspurbahn, S. 82.
[9] Zit. von Albert Speer, nach Joachimsthaler: Die Breitspurbahn, S. 41.
[10] Zit. nach Joachimsthaler: Die Breitspurbahn, S. 342.

Trümmerjahre und erste Wiederaufbauzeit

[1] Vgl. Richard Bauer: Fliegeralarm. Luftangriffe auf München. 1940–1945. München 1987; ders.: Ruinen-Jahre. Bilder aus dem zerstörten München. 1945–1949. München 1983.
[2] Die folgenden Ausführungen basieren auf Süß, S. 126ff.; Alex Gawlina: Chronik des Bahnhofs München – Hbf. 1836–1976. Masch. Ms., München 1976, S. 10ff.
[3] Gawlina, S. 11.
[4] Grundlage für die folgenden Ausführungen war in erster Linie der Aufsatz von Maximilian Hartmann: Der Wiederaufbau des Hauptbahnhofes München nach 1945. In: Der Eisenbahningenieur, 3. Jg. (1952), S. 91–94.

Das neue Erscheinungsbild

[1] Einen Gesamtüberblick über diese Bauperiode vermitteln die Ausführungen von Süß, S. 156 ff.; Krings, S. 166 ff.; Heinrich Gerbl: Der neue Münchner Hauptbahnhof. In: Baukunst und Werkform, 13. Jg. (1960), S. 626–629.
[2] Zit. nach einem Inserat des Bundesbahn-Hotels in: Süß, Anhang.
[3] Süß, S. 163.
[4] Zit. nach einem Inserat des »AKI« in: Süß, Anhang.
[5] Vgl. Alfred Althaus: Das neue Ostfrontgebäude des Münchner Hauptbahnhofs. In: Der Eisenbahningenieur, 1957, Heft 8, S. 50–54.
[6] Zit. nach Krings, S. 171.

[7] Die folgenden Ausführungen basieren auf der grundlegenden Arbeit von Erich Hoffmann: Die neue Bahnsteighalle München-Hauptbahnhof. In: Eisenbahntechnische Rundschau, 9. Jg. (1960), Heft 6, S. 229–245.

[8] Hoffmann, S. 239.

[9] Hoffmann, S. 244.

[10] Vgl. die Broschüre der Siemens AG/Bereich Eisenbahnsignaltechnik: Zentralstellwerk München-Hauptbahnhof, Braunschweig o. J.; Erwin Tochtermann: Das Gehirn des Münchner Hauptbahnhofs. In: Süddeutsche Zeitung, 14./15. 8. 1961, S. 13.

Zug um Zug

[1] Vgl. insbesondere die Jubiläumsschrift »25 Jahre U-Bahn-Bau in München« (herausgegeben von den beteiligten Bauunternehmen, mit Beiträgen von Werner Hochmuth, Werner Beier, Herbert Kupfer, Heimo Lessmann, Alfred Krischke u. a.), München 1990, sowie die in der Zeitschrift »Die Bundesbahn« laufend erschienenen Beiträge. Hier sei vor allem auf den Aufsatz von Hugo Bachmann hingewiesen: Die Münchner S-Bahn. In: Die Bundesbahn, Jg. 1972, Heft 7, S. 337–354.

[2] Die folgenden Ausführungen basieren auf mündlichen Informationen des Architekten Rouge E. Fahr sowie auf folgenden Veröffentlichungen: Monika Zimmermann: Rückgriff auf den Fortschritt. Umbau im Münchner Hauptbahnhof. In: FAZ, 12. März 1985, S. 25; Wolfgang Jean Stock: Umbau des Münchner Hauptbahnhofs. In: Bauwelt, Jg. 1986, Heft 30/31, S. 1149–1158; Christoph Hackelsberger: Mitten in der Aufwertung. Neues vom Hauptbahnhof. In: Münchner Stadtanzeiger, Nr. 27, 23. September 1986, S. 8; o.V.: High-Tech-Station. Umbau des Münchner Hauptbahnhofs. In: deutsche bauzeitung, Jg. 1988, Heft 11, S. 25–27; Ingeborg Flagge: Der unvollendete Schöne. Zu den Umbauten des Münchener Hauptbahnhofes. In: public design. Jahrbuch zur Gestaltung öffentlicher Räume, 1988, S. 118–121.

[3] Vgl. Rouge E. Fahr: Festlich-heiter. Postamt 31 im Münchner Hauptbahnhof. In: deutsche bauzeitung. Jg. 1990, Heft 12, S. 34–39.

[4] Vgl. Rouge E. Fahr: Sechs Kioske im Hauptbahnhof München. In: Detail, Jg. 1985, Heft 1, S. 1–5; ders.: Einbauten im Hauptbahnhof München. In: Detail, Jg. 1989, Heft 2, S. 114–120.

[5] Die folgenden Ausführungen basieren auf Broschüren der Deutschen Bundesbahn sowie auf den beiden folgenden Veröffentlichungen: Eberhard Krummheuer: ICE Intercity-Experimental. Der neue Zug der neuen Bahn. München 1986; Ludwig Schletzbaum: Eisenbahn. Technikgeschichte im Deutschen Museum. München 1990, S. 168 ff.

Literaturverzeichnis

Ackermann, Walter: Der Turmuhrenbau Johann Mannhardts im 19. Jahrhundert. In: Alte Uhren und moderne Zeitmessung, 1990, Heft 3, S. 21–35, Heft 4, S. 40–53

Althaus, Alfred: Das neue Ostfrontgebäude des Münchner Hauptbahnhofs. In: Der Eisenbahningenieur, 1957, Heft 8, S. 50–54

Ausschuß des Polytechnischen Vereins in Bayern (Hrsg.): 1815–1915. Hundert Jahre technische Erfindungen und Schöpfungen in Bayern. München, Berlin 1922

Baader, Joseph Ritter von: Neues System der fortschaffenden Mechanik. München 1822 (Nachdruck mit einem Nachwort von Ernst H. Berninger. Weinheim 1985)

Bachmann, Hugo: Die Münchner S-Bahn. In: Die Bundesbahn, Jg. 1972, Heft 7, S. 337–354

Bauer, Richard: Ruinen-Jahre. Bilder aus dem zerstörten München. 1945–1949. München 1983

Bauer, Richard: Fliegeralarm. Luftangriffe auf München. 1940–1945. München 1987

Bayerische Rückversicherung Aktiengesellschaft (Hrsg.): Die andere Tradition. Architektur in München von 1800 bis heute. München 1982

Bayerischer Architekten- und Ingenieurverein (Hrsg.): München und seine Bauten. München 1912.

Biller, Josef H. u. Rasp, Hans-Peter: München. Kunst & Kultur. Lexikon. München 1985.

Böhm, Karl: Eisenbahnbau München–Straubing. Zur Geschichte der »Königlich privilegierten Aktiengesellschaft der bayerischen Ostbahnen« in Niederbayern (1856–1875). In: Jahresbericht des Historischen Vereins für Straubing und Umgebung, 82. Jg. (1980), S. 67–104

Classens, W.: Der Umbau der Münchener Bahnanlagen in Planung und Ausführung der Jahre 1938 bis 1945. In: Eisenbahntechnik, 5. Jg. (1951), Heft 6, S. 121–136, Heft 7, S. 152–159

Eisenbahnjahr Ausstellungsgesellschaft mbH (Hrsg.): Zug der Zeit – Zeit der Züge: Deutsche Eisenbahn 1835–1985, 2 Bde., Berlin 1985

F. (= K. E. O. Fritsch): Das neue Empfangsgebäude des Zentral-Bahnhofs in München. In: Deutsche Bauzeitung, Nr. 59, 1881, S. 333–334

Fahr, Rouge E.: Sechs Kioske im Hauptbahnhof München. In: Detail, Jg. 1985, Heft 1, S. 1–5

Fahr, Rouge E.: Einbauten im Hauptbahnhof München. In: Detail, Jg. 1989, Heft 2, S. 114–120

Fahr, Rouge E.: Festlich-heiter. Postamt 31 im Münchner Hauptbahnhof. In: deutsche bauzeitung, Jg. 1990, Heft 12, S. 34–39

Flagge, Ingeborg: Der unvollendete Schöne. Zu den Umbauten des Münchener Hauptbahnhofes. In: public design. Jahrbuch zur Gestaltung öffentlicher Räume, 1988, S. 118–121

575 Jahre Kgl. privil. Hauptschützengesellschaft München 1406. Festschrift. München 1981

25 Jahre U-Bahn-Bau in München. Herausgegeben von den beteiligten Bauunternehmen, mit Beiträgen von Werner Hochmuth, Werner Beier, Herbert Kupfer, Heimo Lessmann, Alfred Krischke u. a., München 1990

Füssl, Wilhelm: Baurat Johann Ulrich Himbsel (1787 bis 1860). Zum 200. Geburtstag des Münchner Architekten und Eisenbahnbauers. In: Schönere Heimat. Erbe und Auftrag. Hrsg. vom Bayerischen Landesverein für Heimatpflege e.V., 76. Jg. (1987), Heft 1, S. 13–18

Gaiser, F.: Die München-Augsburger Eisenbahn und ihre Lokomotiven. In: Die Lokomotive, Jg. 38 (1941), Nr. 11, S. 177–181, Nr. 12, S. 192–195

Gawlina, Alex: Chronik des Bahnhofs München – Hbf. 1836–1976, maschinenschriftliches Manuskript, München 1976

Gerbl, Heinrich: Der neue Münchner Hauptbahnhof. In: Baukunst und Werkform, 13. Jg. (1960), S. 626–629

Graf, Friedrich: Eine Lebensfrage für München. In: Süddeutsches Bank- und Handelsblatt, 13. Jg. (1889), Nr. 660, S. 93–100

Grimm, Claus (Hrsg.): Aufbruch ins Industriezeitalter. Bd. 1: Linien der Entwicklungsgeschichte. München 1985

Gürlich, Peter: Die Briefpost-Untergrundbahn in München. In: Archiv für Postgeschichte in Bayern, 1969, Heft 1, S. 197–199

Habermann, Horst u. Korhammer, Klaus-Dieter: Umgestaltung der Bahnanlagen in München Hauptbahnhof. In: Die Bundesbahn, Jg. 1986, Heft 11, S. 895–902

Hackelsberger, Christoph: Mitten in der Aufwertung. Neues vom Hauptbahnhof. In: Münchner Stadtanzeiger, Nr. 27, 23. September 1986, S. 8

Hartmann, Maximilian: Der Wiederaufbau des Hauptbahnhofes München nach 1945. In: Der Eisenbahningenieur, 3. Jg. (1952), S. 91–94

Hauck, Ehrhard: Joseph Ritter von Baader, ein bayerischer Journalist und Vorkämpfer des deutschen Eisenbahnwesens. München 1933

Hoffmann, Erich: Die neue Bahnsteighalle München-Hauptbahnhof. In: Eisenbahntechnische Rundschau, 9. Jg. (1960), Heft 6, S. 229–245

Hufnagel, Max Joseph: Berühmte Tote im Südlichen Friedhof zu München. Fünfhundert Zeugen des Münchner kulturellen, geistigen und politischen Lebens im 19. Jahrhundert. 4. Aufl. Würzburg 1983.

100 Jahre Gas in München. Festschrift anläßlich des Zentenariums der Stadtwerke München – Gaswerke, 1950

Joachimsthaler, Anton: Die Breitspurbahn. Das Projekt zur Erschließung des großeuropäischen Raumes 1942–1945. 3. Aufl. München, Berlin, 1981

Joachimsthaler, Anton: Bundesbahn-Ausbesserungswerk München-Freimann. Geschichte, Menschen, Fahrzeuge. Hrsg. von der Deutschen Bundesbahn, Bundesbahn-Ausbesserungswerk München-Freimann. München 1985

Kahle, U.: Bahnhof München. In: Winfried Nerdinger (Hrsg.): Romantik und Restauration. Architektur in Bayern zur Zeit Ludwigs I. 1825 – 1858 (= Ausstellungskatalog der Architektursammlung der Technischen Universität München und des Münchener Stadtmuseums Nr. 6). München 1987, S. 146–151

Kgl. Staatsministerium für Verkehrsangelegenheiten: Denkschrift über den Münchener Hauptbahnhof. Mit sieben Tafeln und einem Übersichtsplan. München, September 1911

Knauß, Hans: Der Hauptbahnhof. Zweckbau-Architektur in München 1850–1930. In: Münchner Stadtanzeiger, Nr. 38, 17. Mai 1985, S. 17 f.

Krings, Ulrich: Deutsche Großstadt-Bahnhöfe des Historismus. Phil. Diss. München 1978, Köln 1981

Krings, Ulrich: Bahnhofsarchitektur. Deutsche Großstadtbahnhöfe des Historismus. München 1985

Krummheuer, Eberhard: ICE Intercity-Experimental. Der neue Zug der neuen Bahn. München 1986

Lechner, Theodor: Die Bebauung der Kohleninsel im Zusammenhange mit dem Münchener Bahnnetze. München 1900

Lechner, Theodor: Die Privat-Eisenbahnen in Bayern. München, Berlin 1920

Liebig, X. B.: München – die werdende Millionenstadt – und seine Verkehrsverhältnisse. München 1896

Liebl, Anton: Die Privateisenbahn München–Augsburg (1835–1844). Entstehung, Bau und Betrieb. (= Miscellanea Bavarica Monacensia, Heft 103) München 1982

Liebl, Toni: Aufgeh'n wird die Erde in Rauch. Geschichte der ersten privaten Eisenbahnen in Bayern. München 1985

List, Friedrich: Über ein sächsisches Eisenbahn-System als Grundlage eines allgemeinen deutschen Eisenbahn-Systems, Leipzig 1833 (Nachdruck der 2. Auflage 1897 Mainz 1984)

Lutz, Kosmas: Der Bau der bayerischen Eisenbahnen rechts des Rheins. München, Leipzig 1883

Marggraff, Hugo: Die Kgl. bayerischen Staatseisenbahnen in geschichtlicher und statistischer Beziehung. München 1894. Erweiterter Nachdruck Stuttgart 1982

Marggraff, Hugo: Wie die ersten Bahnhöfe Münchens entstanden. In: Das Bayerland, Heft 5, S. 68–72, Heft 6, S. 84–88, Heft 7, S. 100–103

Marggraff, Hugo: Zur Baugeschichte des Bahnhof-Hauptgebäudes in München. In: Süddeutsche Bauzeitung, Nr. 35, 1908

Müller, Rainer A. (Hrsg.): Unternehmer – Arbeitnehmer. Lebensbilder aus der Frühzeit der Industrialisierung in Bayern. München 1985

o. V.: High-Tech-Station. Umbau des Münchner Hauptbahnhofs. In: deutsche bauzeitung, Jg. 1988, Heft 11, S. 25–27

o. V.: Der neue Eisenbahnhof in München. Nach Friedrich Bürkleins Entwurfe. In: »Illustrirte Zeitung«, Leipzig, 15. März 1851, S. 168–171

Pernwerth von Bärnstein, Adolf: Die vormalige Privat-Eisenbahn von München nach Augsburg. Augsburg 1890

Rank, Joseph: München auf dem Wege zur Millionenstadt. Verkehrs- und bautechnische Studie zur künftigen Gestaltung des Münchner Stadtbildes. München 1928

Rasp, Hans-Peter: Eine Stadt für tausend Jahre. München – Bauten und Projekte für die Hauptstadt der Bewegung. München 1981

Reber, Franz: Bautechnischer Führer durch München. München 1876

Regnet, C. A.: Der Centralbahnhof in München. In: »Illustrirte Zeitung«, Leipzig, 19. März 1881, S. 232–234.

Rose, Hans: Zur Frage der Verlegung des Münchner Hauptbahnhofes. In: Baukunst, 4. Jg. (1928), Heft 12, S. 325–347

Scheffold, Ulrich: 150 Jahre Eisenbahn in Deutschland. München 1985

Schletzbaum, Ludwig: Eisenbahn. Technikgeschichte im Deutschen Museum. München 1990, S. 168 ff.

Schnorr von Carolsfeld, Carl: Die Pläne des Central-Bahnhofes München. In: Organ für die Fortschritte des Eisenbahnwesens in technischer Beziehung. Neue Folge, Bd. XXIV, Heft 5, 1887, S. 181–185

Schnorr von Carolsfeld, Carl: Der neue Centralbahnhof zu München. Die Einsteighallen. In: Organ für die Fortschritte des Eisenbahnwesens in technischer Beziehung. Neue Folge, Bd. XXIV, Heft 6, 1887, S. 221–228

Sembach, Klaus-Jürgen u. Hütsch, Volker: Industriedenkmäler des 19. Jahrhunderts im Königreich Bayern. München 1990

Sendner-Rieger, Beatrice: Die Bahnhöfe der Ludwig-Süd-Nord-Bahn 1841–1853. Zur Geschichte des bayerischen Staatsbahnwesens im 19. Jahrhundert. Herausgegeben von der Deutschen Gesellschaft für Eisenbahngeschichte e.V., Karlsruhe 1989

Siegert, Max: Aus Münchens schwerster Zeit. Erinnerungen aus dem Münchener Hauptbahnhof während der Revolutions- und Rätezeit. München, Regensburg 1928

Siemens AG/Bereich Eisenbahnsignaltechnik: Zentralstellwerk München-Hauptbahnhof, Braunschweig o. J.

Stock, Wolfgang Jean: Umbau des Münchner Hauptbahnhofs. In: Bauwelt, Jg. 1986, Heft 30/31, S. 1149–1158

Süß, Wolfgang: Die Geschichte des Münchner Hauptbahnhofes. Essen 1954

Tochtermann, Erwin: Das Gehirn des Münchner Hauptbahnhofs. In: Süddeutsche Zeitung, 14./15. August 1961, S. 13

Ücker, Bernhard: Die Bayrische Eisenbahn 1835–1920. München 1985

Wilberforce, Edward: Ein Snob in München – Die erstaunlichen Beobachtungen des Mr. Edward Wilberforce in München anno 1860. Übersetzt und kommentiert von Gerhart Wiesend. München 1990

Wolf, Georg Jacob: Ein Jahrhundert München. 1800 bis 1900. Zeitgenössische Bilder und Dokumente. Frankfurt/Main 1980 (= Nachdruck der 3. Auflage 1935)

Zedelmaier, Helmut: Joseph von Baader (1763–1835) – Ein vergessener bayerischer Erfinder. In: Rainer A. Müller (Hrsg.): Unternehmer – Arbeitnehmer. Lebensbilder aus der Frühzeit der Industrialisierung in Bayern. München 1985

Zimmermann, Monika: Rückgriff auf den Fortschritt. Umbau im Münchner Hauptbahnhof. In: FAZ, 12. März 1985, S. 25

Zwehl, Konrad von (Hrsg.): Aufbruch ins Industriezeitalter, Bd. 3: Quellen zur Wirtschafts- und Sozialgeschichte Bayerns vom ausgehenden 18. Jahrhundert bis zur Mitte des 19. Jahrhunderts. München 1985

Bildnachweise

1	Deutsches Museum, München
2–5	Aus: Joseph von Baader: Neues System der fortschaffenden Mechanik. München 1822
6	Deutsches Museum, München
7	Aus: Friedrich List: Über ein sächsisches Eisenbahn-System als Grundlage eines allgemeinen deutschen Eisenbahn-Systems. Leipzig 1833
8	Verkehrsarchiv beim Verkehrsmuseum Nürnberg
9	Krauss-Maffei AG, München
10	Verkehrsarchiv beim Verkehrsmuseum Nürnberg
11	Staatsbibliothek Augsburg
12–14	Verkehrsarchiv beim Verkehrsmuseum Nürnberg
15	Münchener Stadtmuseum
16	Verkehrsarchiv beim Verkehrsmuseum Nürnberg
17	Deutsches Museum, München
18	Stadtarchiv Augsburg
19	Münchener Stadtmuseum
20	Aus: Wolfgang Süß: Die Geschichte des Münchner Hauptbahnhofes. Essen 1954
21	Verkehrsarchiv beim Verkehrsmuseum Nürnberg
22	Aus: Wolfgang Süß: Die Geschichte des Münchner Hauptbahnhofes. Essen 1954
23	Bundesbahndirektion München
24	Aus: Hugo Marggraff: Wie die ersten Bahnhöfe Münchens entstanden. In: Das Bayerland, 24. Jg. (1912)
25	Deutsches Museum, München
26	Münchener Stadtmuseum
27	Deutsches Museum, München
28	Krauss-Maffei AG, München
29	IHK-Wirtschaftsarchiv für München und Oberbayern
30	Münchener Stadtmuseum
31	Verkehrsarchiv beim Verkehrsmuseum Nürnberg
32–34	Verkehrsarchiv beim Verkehrsmuseum Nürnberg
35	IHK-Wirtschaftsarchiv für München und Oberbayern
36	Münchener Stadtmuseum
37, 38	IHK-Wirtschaftsarchiv für München und Oberbayern
39	Bundesbahndirektion München
40	Prof. Dr. W. Ackermann, München
41	Deutsches Museum, München
42	Stadtarchiv München
43	Historisches Bild- und Textarchiv Elyane Werner, München
44	Münchener Stadtmuseum
45	IHK-Wirtschaftsarchiv für München und Oberbayern
46, 47	Verkehrsarchiv beim Verkehrsmuseum Nürnberg
48	Historisches Bild- und Textarchiv Elyane Werner, München
49	Verkehrsarchiv beim Verkehrsmuseum Nürnberg
50	Verkehrsarchiv beim Verkehrsmuseum Nürnberg
51	Aus: Franz Reber: Bautechnischer Führer durch München. München 1876
52	IHK-Wirtschaftsarchiv für München und Oberbayern
53	Krauss-Maffei AG, München
54	Verkehrsarchiv beim Verkehrsmuseum Nürnberg
55	Historisches Bild- und Textarchiv Elyane Werner, München
56	Sammlung Jean Louis, München
57	Archiv für Kunst und Geschichte, Berlin
58	Sammlung Jean Louis, München
59, 60	Verkehrsarchiv beim Verkehrsmuseum Nürnberg
61	Sammlung Jean Louis, München
62,63	IHK-Wirtschaftsarchiv für München und Oberbayern
64	Bundesbahndirektion München
65, 66	Verkehrsarchiv beim Verkehrsmuseum Nürnberg
67, 68	Bundesbahndirektion München
69	Historisches Archiv der MAN, Augsburg
70, 71	Deutsches Museum, München
72	Sammlung Jean Louis, München
73	Sammlung H. Deutschmann, München
74	Historisches Archiv der MAN, Augsburg
75–79	Verkehrsarchiv beim Verkehrsmuseum Nürnberg
80	Sammlung Jean Louis, München
81, 82	Verkehrsarchiv beim Verkehrsmuseum Nürnberg
83	Aus: Wolfgang Süß: Die Geschichte des Münchner Hauptbahnhofes. Essen 1954
84	Aus: Theodor Lechner: Die Bebauung der Kohleninsel im Zusammenhange mit dem Münchener Bahnnetze. München 1900
85	Historisches Bild- und Textarchiv Elyane Werner, München
86, 87	IHK-Wirtschaftsarchiv für München und Oberbayern
88, 89	Dr. Letzel, München
90, 91	IHK-Wirtschaftsarchiv für München und Oberbayern
92	Sammlung H. Deutschmann, München
93	Bayerische Staatsbibliothek, München
94	Universitätsbibliothek München
95	Sammlung H. Deutschmann, München
96	Bundesbahndirektion München
97	Oberpostdirektion München
98	Staatsarchiv München (Bestand Oberpostdirektion München)
99–102	IHK-Wirtschaftsarchiv für München und Oberbayern
103	Stadtarchiv München
104	Aus: Bayerischer Architekten- und Ingenieur-Verein (Hrsg.): München und seine Bauten. München 1912

105	Sammlung H. Deutschmann, München
106	Oberpostdirektion München
107, 108	Verkehrsarchiv beim Verkehrsmuseum Nürnberg
109	Aus: Joseph Rank: München auf dem Wege zur Millionenstadt. München 1928
110–112	IHK-Wirtschaftsarchiv für München und Oberbayern
113, 114	Stadtarchiv München
115	Mit freundlicher Genehmigung von Autor und Verlag aus: Anton Joachimsthaler: Die Breitspurbahn. München, Berlin 1981
116	Bayerisches Hauptstaatsarchiv (Nachlaß Hitler Nr. 64)
117, 118	Stadtarchiv München
119	Peter Dübbers, Stuttgart
120, 121	Mit freundlicher Genehmigung von Autor und Verlag aus: Anton Joachimsthaler: Die Breitspurbahn. München, Berlin 1981
122	Stadtarchiv München (Nachlaß Hans von Hanffstengel)
123	Bundesbahndirektion München
124–126	Mit freundlicher Genehmigung von Autor und Verlag aus: Anton Joachimsthaler: Die Breitspurbahn. München, Berlin 1981
127	Bundesbahndirektion München
128–130	Stadtarchiv München
131	IHK-Wirtschaftsarchiv für München und Oberbayern (Foto: Ernest Langendorff)
132	Stadtarchiv München
133	Münchener Stadtmuseum
134–160	Bundesbahndirektion München
161–166	Fahr + Partner PFP, München
167	Bundesbahndirektion München
168–172	Fahr + Partner PFP, München
173–175	Bundesbahndirektion München
176	Krauss-Maffei AG, München

Danksagung

Viele Archive, Bibliotheken und Museen haben mich dankenswerterweise bei meinen Recherchen unterstützt – so vor allem das Münchener Stadtmuseum, das Stadtarchiv München, die Monacensia-Sammlung, das Bayerische Hauptstaatsarchiv und das Verkehrsarchiv beim Verkehrsmuseum Nürnberg, dessen Leiter Wolfgang Illenseer ich für die Bereitstellung einer großen Zahl an Bildvorlagen ganz besonders dankbar bin. Großzügige Unterstützung wurde mir in gleicher Weise im Deutschen Museum – bei Dr. Ernst H. Berninger, Dr. Rudolf Heinrich und Ludwig Schletzbaum – sowie im Historischen Bild- und Textarchiv Elyane Werner, München, zuteil. Vieles habe ich auch der Leiterin der traditionsreichen IHK-Bibliothek, Dipl.- Bibl. Gisela von der Forst, zu verdanken, die mir zusammen mit ihren Mitarbeitern unermüdlich zur Seite gestanden ist.

Mein aufrichtiger Dank gilt weiter
Prof. Dr. Walter Ackermann, München
Dipl.-Ing. Bernhard Brandmair, Oberpostdirektion München
Dr. Rainer Braun, Bayerisches Hauptstaatsarchiv, Abt. Kriegsarchiv
Monika Brütting, Bibliothek der Bundesbahndirektion München
Hubert Deutschmann, München
Prof. Rouge E. Fahr, München
Martha Finzl, Lichtbildstelle der Bundesbahndirektion München
Christel Glaser, Bildarchiv des Siemens-Museums, München
Edda Helms, Lichtbildstelle der Bundesbahndirektion München
Dipl.-Ing. Anton Joachimsthaler, München
Dr. Franziska Jungmann-Stadler, Historisches Archiv der Bayerischen Hypotheken- und Wechsel-Bank, München
Dr. Birgit-Verena Karnapp, Architektursammlung der Technischen Universität München
Dr. Elisabeth Letzel, München
Dr. Hans-Peter Rasp, München
Jean-Louis Schlim, München
Karl Schmidt, Krauss-Maffei AG, München
Alois Wittmann, Historisches Archiv der MAN, Augsburg.

Sehr herzlich danke ich aber auch meinem Mann, Dr.-Ing. Hans-Norbert Toussaint, der das Entstehen dieses Buches von allem Anfang an mit sachkundigem Rat, mit Engagement und Geduld begleitet hat.

»Last but not least« bin ich der Verlagsanstalt »Bayerland« Dachau – vor allem dem Verleger Klaus Kiermeier und der aufmerksamen Lektorin Astrid Schäfer M. A. – für überaus gute Zusammenarbeit sowie Umsicht und Sorgfalt bei der Drucklegung dieses Buches zu großem Dank verbunden.

Dr. Angela Toussaint, Juni 1991